DIESER MARKETING-*ERFOLGS*-MANAGER GEHÖRT...

_____

Damian Richter ist Erfolgstrainer und Lifecoach, Host des Durchstarter-Podcasts und Gründer eines der am schnellsten wachsenden Coaching-Unternehmen in ganz Europa. Seine Vision ist es, so vielen Menschen wie möglich bewusst zu machen, wie sie selbstbestimmt ein außergewöhnliches Leben kreieren und dabei ihr volles Potenzial entdecken und entfalten.

Für Dich mit Liebe erstellt

Originalausgabe
Fin to Date GmbH & Co. KG, Gifhorn, September 2019
Copyright© 2019 Fin to Date GmbH & Co. KG
www.damian-richter.com
ISBN 978-3-9815407-6-5

Designd by Natalie Degen & Valentin Scharf
Druckabwicklung: One World Distribution, Remscheid

ALLES IN EINEM - ERFOLGSJOURNAL, TERMINPLANER UND ARBEITSBUCH FÜR DEIN HERAUSRAGENDES MARKETING UND LEBEN AUF DEM NÄCHSTEN LEVEL.

ENTDECKE UND ENTFALTE MIT DIESEM EINZIGARTIGEN MANAGER DEINE WAHRE GRÖSSE UND ERSCHAFFE DIR EIN LEBEN, IN DEM DU DAS GEFÜHL HAST, GANZ ANGEKOMMEN ZU SEIN! HALTE DIE WICHTIGSTEN ERKENNTNISSE, ERFOLGE UND LEARNIGNS IN DIESEM BUCH FEST UND ERLEBE DEN UNTERSCHIED!

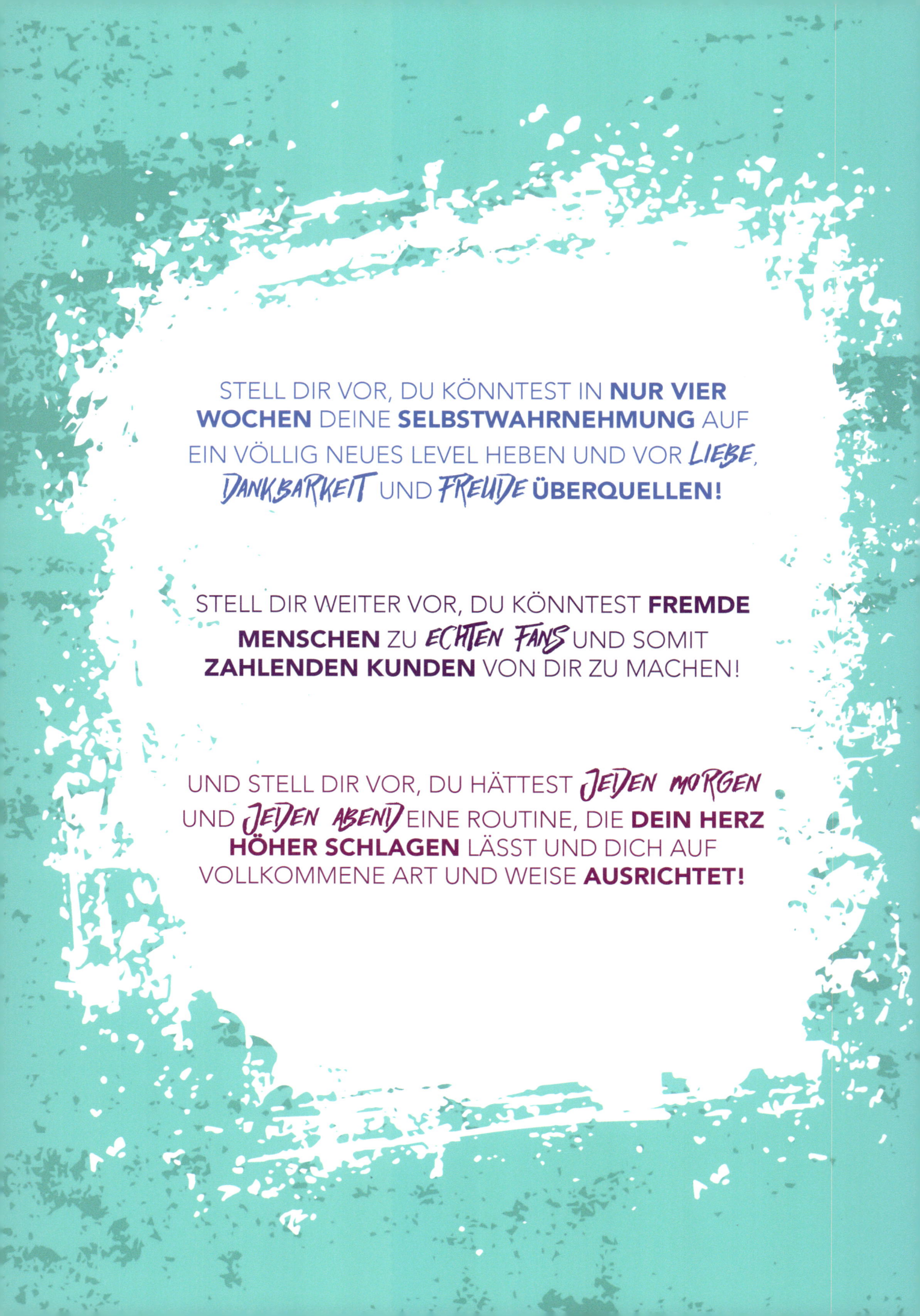

STELL DIR VOR, DU KÖNNTEST IN **NUR VIER WOCHEN** DEINE **SELBSTWAHRNEHMUNG** AUF EIN VÖLLIG NEUES LEVEL HEBEN UND VOR *LIEBE*, *DANKBARKEIT* UND *FREUDE* ÜBERQUELLEN!

STELL DIR WEITER VOR, DU KÖNNTEST **FREMDE MENSCHEN** ZU *ECHTEN FANS* UND SOMIT **ZAHLENDEN KUNDEN** VON DIR ZU MACHEN!

UND STELL DIR VOR, DU HÄTTEST *JEDEN MORGEN* UND *JEDEN ABEND* EINE ROUTINE, DIE **DEIN HERZ HÖHER SCHLAGEN** LÄSST UND DICH AUF VOLLKOMMENE ART UND WEISE **AUSRICHTET!**

„HERZLICH WILLKOMMEN IN DEINEM NEUEN LEBEN"

Die ein oder andere einführende Überschrift in ein neues Buch mag Dir vielleicht manchmal etwas hochgestochen und übertrieben vorkommen… Doch lass Dir eines gesagt sein: Wenn Du mit unserem „Vier Wochen Marketing-Erfolgs-Manager" den kommenden Monat konzentriert durchziehst, wird sich tatsächlich Dein Leben vollkommen auf den Kopf stellen!

Denn das, was Du vor Dir liegen hast, ist **Dein Schlüssel** für das nächste Level. Für Dein Traumleben. Für das Erreichen Deiner Ziele und Visionen. Denn beherrschst Du Marketing in Bezug auf Dein Produkt und Dein gesamtes Business, dann kann es Stürmen oder Regnen - doch Du wirst jederzeit auf der Sonnenseite des Lebens stehen…

Doch hast auch Du Dich schon einmal gefragt, wie viele Menschen genau das Leben führen und jederzeit auf dieser besagten „Sonnenseite" stehen, ohne sich selbst dabei etwas vorzumachen? Falls ja, dann wirst Du bemerkt haben, dass so ein Leben nur die wenigsten führen. Laut Statistiken sogar **weniger als 2%** der Menschen auf dieser Welt.

Denn die meisten Menschen konsumieren Inhalte, sie lesen sich Bücher durch oder kaufen sie nur und legen sie dann ungelesen weg - und sind ständig auf der Suche nach neuer Ablenkung, die sie davon abhält, in ihre wahre Größe zu kommen. Sie handeln nicht und kommen nicht Schritt für Schritt in die Umsetzung und wundern sich dann eines Tages, weshalb sie niemals ankommen in ihrem Leben….

Das Spannende daran ist: alle wollen immer ein **geiles Leben** haben - doch den Weg dahin sind die wenigsten bereit, zu beschreiten. Und es leuchtet ja auch ein: Denn alles so einfach wäre und demzufolge es auch jeder umsetzen würde, wären ja alle überglücklich und angekommen, finanziell frei und vollkommen zufrieden.

Damit Du etwas erreichen kannst, was sonst keiner so leicht erreicht, musst Du allerdings genau das tun, was alle anderen niemals tun würden - und zwar aktiv werden, durchziehen, durchstarten und dranbleiben bis zum Schluss. Das bedeutet für Dich: An jedem Tag der kommenden vier Wochen voller Fokus mit dem Buch zu arbeiten, das Du gerade in Deinen Händen hältst…

Denn dieser Manager hilft Dir zum einen dabei, Marketing für Dich neu zu entdecken, Deine Umsätze zu steigern und Dein Team zu motivieren. Doch vor allem hilft er Dir dabei, am Ball zu bleiben. Niemals aufzugeben und weiterzumachen, bis Du **Dein Zeil erreicht** hast!

Glaubst Du nicht? Na dann mach Dich bereit für die vier aufregendsten Marketing-Wochen Deines Lebens! Freue Dich auf die folgenden Seiten und beweise Dir selbst, dass der Macher/die Macherin in Dir steckt, die/der sich schon so lange endlich zeigen will!

Am Ende unseres kurzen Einführungsteils wartet dann die Wocheneinteilung und viele spannende Aufgaben auf Dich… bleib daher dran und gib Gas! So wird auch für Dich Erfolg im Business und in Deinem Marketing zu einem vorhersagbaren Ergebnis….

Ich wünsche Dir für die kommenden vier Wochen viel Energie, Fokus und absolute Unerschütterlichkeit!

Alles liebe
Damian

PS: Hast Du schon einmal von dem **HOUDINI-EFFEKT** gehört? Falls nicht, solltest Du sehr, sehr aufmerksam mit diesem Buch arbeiten… denn es kann sein, dass er egal wo und egal wie jederzeit wieder „aufploppt" und auf einmal alles verändert, was Du bislang in Deinem Leben gekannt hast! Du findest, das klingt schräg? Es IST schräg - sogar so schräg, dass dieser mysteriöse Houdini-Effekt einfach alles auf den Kopf stellen wird, was Du bislang in Deinem Leben gekannt hast! Doch dazu später mehr!

DER 4 WOCHEN MARKETING-ERFOLGS-MANAGER

SO FUNKTIONIERT´S

Der „Vier Wochen Marketing-Erfolgs-Manager" ist ein sehr intensives Programm, mit dem Du Dein Marketing klar ausrichten kannst. Du wirst in diesen vier Wochen sowohl neue Gewohnheiten in Bezug auf Dein Marketing, als auch höhere Standards für Dein Leben etablieren. Dabei dient Dir „der Vier Wochen Marketing-Erfolgs-Manager" als sichere Leitplanke und nimmt Dich liebevoll an die Hand. Liebevoll heißt allerdings nicht, dass es ein reines Zuckerschlecken wird. Es geht um die Form der Liebe, die Deine wahre Größe zum Vorschein bringt und Dich fordert und fördert.

Der „Vier Wochen Marketing-Erfolgs-Manager" ist eine Kombination aus **Erfolgsjournal, Terminplaner** und einem Katalog an **extrem hochwertigen Fragen** für **Dein herausragendes Marketing.** Es ist DAS Arbeitsbuch für Dein außergewöhnliches Leben! Arbeite so oft wie möglich aktiv an den Aufgaben. Heißt, Du darfst und sollst damit **aktiv arbeiten.** Wenn Du es ernst meinst, nimmst Du es überall mit hin und arbeitest so oft wie möglich mit diesem Buch.

In den vier Wochen werden wir jede Woche einen **anderen Fokus** haben:

1. WOCHE - MARKETING BASICS UND WISSENSAUFBAU
2. WOCHE - SICHTBARKEIT IN DEN SOZIALEN MEDIEN
3. WOCHE - OPTIMIERUNG DEINES SELBSTMARKETINGS
4. WOCHE - FUNNEL & SALES

Dabei beginnt jede Woche mit der Planung im Voraus! Denn Planung ist die gedankliche Vorwegnahme zukünftigen Handelns. Du definierst jede Woche ein neues **Wochenziel** in Bezug auf den jeweiligen **Wochen-Fokus.** Halte Dich dabei immer an die **zehn goldenen Regeln** der **richtigen Zielsetzung.** Diese findest Du auf der **nächsten Seite.**

Jeder Tag startet mit einer **Morgenroutine,** wo Du Deinen persönlichen Tagesfokus festlegst, Dein „ONE THING TO DO" definierst, Dein Wochenziel wiederholst und ein paar Fragen beantwortest, die Dir helfen werden, einen starken positiven Fokus zu halten. Rechts neben der Morgenroutine hast Du Platz, um Deine Termine und Aufgaben zu planen und zu strukturieren.

Anschließend folgt immer der **Marketing-Teil.** Dieser besteht oftmals aus Fragen, die Dir helfen Dein Marketing Know-How selbstständig zu erweitern. Durch die Aufgaben, trainierst Du Dich darin, Verantwortung zu übernehmen und Dich selbstständig mit Marketing auseinanderzusetzen. Denn mir ist extrem wichtig, dass Du Dich **eigenverantwortlich** um Dein Marketing kümmern kannst und so viel wie möglich dabei lernst. Je nachdem, an welchem Punkt Du gerade stehst, wird Dir die Beantwortung der Fragen leichter oder schwerer fallen. Ich empfehle Dir daher, solange mit dem „Vier Wochen Marketing-Erfolgs-Manager" zu arbeiten, bis Du wirklich alle Fragen sicher beantworten kannst. Wiederhole dazu einfach das Programm immer und immer wieder.

Jeder Tag schließt wieder mit einer **Abendroutine,** in der Du Dich über eine Checkliste neu ausrichtest und den Tag Revue passieren lässt. Dabei notierst Du jeden Tag unter anderem Deine Erfolge, warum Du ein Glückskind bist und was Du heute neues gelernt hast.

Um die Woche rundzumachen, ist an jedem Sonntag in **Wochenrückblick** geplant. Hier trainierst Du **KUNEV** - konstante und niemals endende Verbesserung!

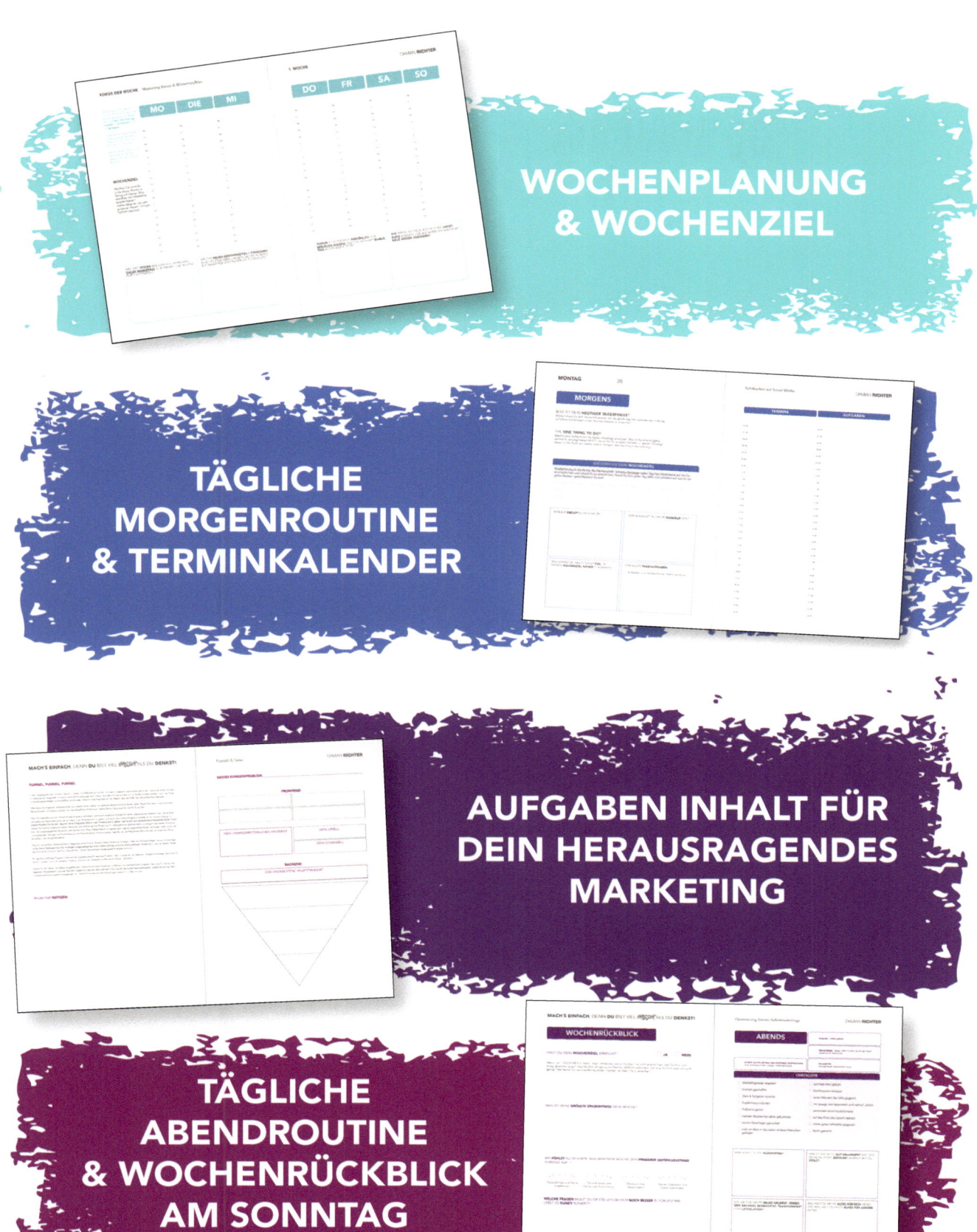

DER 4 WOCHEN MARKETING-ERFOLGS-MANAGER

"DIE WICHTIGSTE GRUNDLAGE: DU BRAUCHST EIN BRENNENDES VERLANGEN!"

Für jeden Deiner **(Marketing-)Erfolge** brauchst Du ein brennendes Verlangen - Dein Ziel muss greifbar sein! Du musst Dein Ziel und Dein WARUM stets vor Augen haben. Nur wenn Du Dich an Dein WARUM und Dein klares Ziel erinnern kannst - also eine klare Vorstellung davon hast - kannst Du jederzeit voller Energie sein. Und **Energie gewinnt!**

Der mit Abstand wichtigste Erfolgsfaktor in Bezug auf das brennende Verlangen bist Du! Es liegt nämlich ganz allein an Deiner Persönlichkeit, ob Du es schaffst, über einen längeren Zeitraum an Deinem Ziel und an Deinem Marketing für ein erfolgreiches Business zu arbeiten und dafür zu brennen oder nicht!

>> SEI UNERSCHÜTTERLICH! <<

Es liegt also an **Deiner Persönlichkeit**, wie Du mit den Rückschlägen, die sich auf dem Weg zu Deinem Ziel ereignen werden, umgehen wirst. Der richtige Umgang mit Rückschlägen macht dabei den entscheidenden Unterschied aus.

Im Kontext des „Überwinden von Rückschlägen" sprechen wir auch von der Fähigkeit der Resilienz. Resilienz (von lateinisch „resilire" = zurückspringen, abprallen) beschreibt die psychische Widerstandsfähigkeit, Krisen zu bewältigen und diese durch den gezielten Rückgriff auf persönliche und sozial vermittelte Ressourcen, als Anlass zur eigenen Entwicklung zu nutzen.

>> SEI UNAUFHALTSAM! <<

In der folgen Übersicht fasse ich Dir einmal zusammen, was neben Deinem brennenden Verlangen nach Erfolg außerdem noch den **Unterschied** für Deinen Marketing-Erfolg ausmacht:

- Dein unerschütterlicher Wille
- Deine niemals endende Ausdauer
- Dein enormes Durchhaltevermögen
- Deine Fähigkeit der Resilienz (immer wieder aufstehen zu können)
- Unerschütterlichkeit (nicht nachlassen, bis das Ziel erreicht ist)

>> SEI EIN GLADIATOR! <<

Entscheidend für Deinen Erfolg mit Deinem Business ist, wie groß Dein Wille ist. Das weißt Du nun bereits. Doch wusstest Du auch, dass die meisten Millionäre aus einfachen Verhältnissen kommen und einzig und allein ihr Wille und ihr Antrieb den für sie alles entscheidenden Unterschied ausmachte?

Wir können es also nicht oft genug erwähnen, dass Du ein unstillbares, niemals endendes Verlangen dafür entwickeln musst, mehr an Wert in das Leben anderer Menschen zu transportieren - und genau dafür benötigst Du ein unstillbares Verlangen nach Erfolg!

MERKE DIR:
AUFGEBEN IST KEINE OPTION!

Schauen wir uns nun einmal einige **Unternehmenszahlen** an:

- Nur 5% aller Unternehmen haben einen Umsatz von mindestens 1 Mio. EUR
- Nur 0,4 % aller Unternehmen machen einen Umsatz von über 5 Mio. EUR
- Nur 6 von 100.000 Unternehmen machen mehr als 10 Mio. EUR Umsatz
- Nur 4% aller Unternehmen erreichen das 10. Geschäftsjahr nach Gründung

Es gibt immer Probleme, Herausforderungen, Widerstände und Krisen. Doch genau diese gilt es zu überwinden und trotz aller Schwierigkeiten durchzuhalten.

Der Schlüssel zu Deinem Business-Erfolg ist also zum einen Deine eigene, persönliche innere Einstellung - an dieser kannst Du arbeiten - und zum anderen herausragendes, grandioses Marketing - womit wir beim Thema wären…

In diesem Buch dreht sich einfach alles um Marketing.

Denn ohne das richtige Marketing ist **alles nichts.** Wer nicht weiß, wie er wirbt, der stirbt.

Dieses Sprichwort haben mein Team und ich uns im Laufe der Jahre ausgedacht und immer wieder neu erkennen müssen, dass es sich einfach immer wieder bewahrheitet hat… Marketing bedeutet so viel mehr, als nur zu Werben… Marketing bedeutet, Liebe zu zeigen, Nähe zu erschaffen, Brücken zu bauen, Herausragend zu sein, immer weiterzumachen und niemals aufzugeben, zum Geburtstag zu gratulieren und vieles, vieles mehr…

Doch damit Dein Marketing überhaupt funktioniert (und Du natürlich auch Kunden erreichst und Deine Produkte verkaufst), gilt es für Dich die folgenden drei Aufgaben und Fragestellungen zu beantworten:

1. Was ist der richtige Bereich für Dich?!
2. Was genau ist Deine Nische?!
3. Was sind die idealen Kunden, die zu Dir passen?

Die Lösung für HIGH-SPEED-ERFOLG in Deinem Geschäftsbereich ist ebenso einfach wie genial: Baue Dein Geschäft um Deinen IDEALEN Kunden herum auf und richte Dich dabei ganz spezifisch nach den Bedürfnissen Deines Kunden! Biete ihnen genau das, was SIE brauchen und wollen!

MERKE DIR:
ES GEHT NIEMALS DARUM, WAS DU WILLST, SONDERN IMMER NUR DARUM, WAS DEIN KUNDE WILL!

Beschäftigen wir uns nun mit der Frage, was genau denn Dein Kunde überhaupt will. Denn wenn Du Dir dessen bewusst bist, kannst Du ihm all das liefern, was er braucht, um glücklich zu sein. Alle Menschen auf diesem Planeten haben eines gemeinsam: Sie werden von den gleichen sechs emotionalen Grundbedürfnissen angetrieben.

DER 4 WOCHEN MARKETING-*ERFOLGS*-MANAGER

Die ersten vier dieser emotionalen Bedürfnisse sind **Sicherheit, Unsicherheit, Bedeutsamkeit** und **Liebe/Zugehörigkeit.** Diese vier Bedürfnisse sind sogenannte primäre Bedürfnisse. Um sie zu erfüllen, fokussieren wir uns auf unsere eigene persönliche Innenwelt.

Davon abgegrenzt sind die zwei übrigen emotionalen Bedürfnisse, **Wachstum** und **Beitrag.** Beide Bedürfnisse sind eher spiritueller Natur. Um sie zu erfüllen, fokussieren wir uns auf das große Ganze und sind in Gedanken nicht mehr nur bei uns, sondern auch bei unserer Außenwelt.

Was allerdings jeden von uns Menschen unterscheidet, ist, wie wir die Bedürfnisse **bewerten** und welchem Bedürfnis wir die **Hauptprioritäten** in unserem Leben zuschreiben. Unter den sechs Bedürfnissen gibt es also solche, die Deine Hauptantriebskräfte sind und andere, denen Du weniger Aufmerksamkeit schenkst.

Notiere Dir nun, welche zwei (oder mehr) emotionalen **Kernbedürfnisse** Du mit Deiner Dienstleistung oder Deinem Produkt im Leben Deines IDEALEN Kunden erfüllst:

1. _____

2. _____

!!! WICHTIG !!! Desto mehr Bedürfnisse in der Kundenkommunikation angesprochen und bestätigt werden, desto leichter machst Du es dem Kunden, zu Deinem Produkt oder zu Deiner Dienstleistung „JA" zu sagen.

DAMIAN **RICHTER**

Es gibt einen alles entscheidenden Grundsatz, der **erfolgreiche Unternehmer** vom Durchschnitt unterscheidet - er lautet: VERLIEBE DICH NIEMALS IN DEIN PRODUKT! VERLIEBE DICH **IMMER IN DEINEN KUNDEN!**

Was genau ist damit nun allerdings gemeint?! Schauen wir uns zur Beantwortung dieser Frage zunächst an, was konkret die Aufgabe eines Unternehmers oder zum Beispiel eines klassischen Coaches eigentlich im Kern ist.

ECHTE UNTERNEHMER LÖSEN DIE PROBLEME ANDERER MENSCHEN!

Wenn Du nun mehr **Geld verdienen** willst, gibt es **zwei Möglichkeiten** für Dich: Entweder löst Du kleinere, aber dafür MEHR Probleme oder Du löst weniger, aber dafür GRÖSSERE Probleme anderer Menschen.

MACH DIR BEWUSST: DU BIST EIN LÖSUNGSVERKÄUFER!

Wenn Du Dich in Dein Produkt verliebst, bist Du total **fixiert auf DICH.** Denn Du findest Dein Produkt gut - doch was ist mit Deinem Kunden? Vielleicht hilft ihm Dein Produkt gar nicht weiter, weil Dein Kunde ganz andere Herausforderungen hat, als Du denkst?

Wenn Du Dich allerdings in **Deinen Kunden** „verliebst", denkst Du Tag und Nacht an ihn und beschäftigst Dich mit der Frage, was er von Dir braucht, um sein Problem noch besser und schneller lösen zu können! Auf einmal bekommst Du ein Gespür dafür, welche Herausforderungen Dein Kunde tatsächlich haben könnte und Du kannst Dich auf den Weg machen, um die passende Lösung dafür zu finden und zu erarbeiten.

In den letzten Jahren habe ich beobachtet, dass viele Menschen ein Problem damit haben, wenn sie von sich selbst sagen sollen, dass sie ein „Lösungsverkäufer" seien - schließlich will niemand von ihnen gerne ein Verkäufer sein - so sagen viele.

Doch dazu muss ich Dir etwas erzählen – denn zu denken, dass ein Verkäufer etwas schmieriges, gefährliches oder böses ist, ist ein sehr **toxischer Glaubenssatz,** den wir sofort auflösen müssen!

Wenn Du ein Problem für Deinen Kunden löst, lieferst Du Veränderung, wahr oder wahr!? Nun stell Dir vor, dass Du mit all Deinen Fähigkeiten die Lösung für die Probleme anderer mit Dir herumträgst, diese aber nicht an den Mann oder an die Frau bringst, weil Du nicht verkaufen willst. Das Ergebnis: Du fügst den Menschen damit **indirekt Leid** zu!

DER 4 WOCHEN MARKETING-ERFOLGS-MANAGER

Anderen Menschen NICHT zu helfen, weil Du denkst, dass Du dann verkaufst, ist ein wahres „Verbrechen an der Menschheit", eine unterlassene Hilfeleistung und Ego-getriebenes Handeln, da Du Deine Fähigkeiten nicht zum Wohle aller einsetzt, sondern nur für dich behältst! Vorausgesetzt Dein Produkt bzw. Deine Dienstleistung hält wirklich, was sie verspricht und löst die Herausforderungen Deiner Kunden.

Um Dir das ganze noch klarer zu machen, hier ein **Beispiel:** Stell Dir vor, Du wärest leidenschaftlicher Gärtner. Was benötigst Du, um dieser Leidenschaft vollumfänglich nachzugehen? Richtig - neben der Zeit, die Du Dir dafür nimmst, brauchst Du natürlich Gartenwerkzeug wie zum Beispiel einen Spaten. Damit Du nun das tun kannst, was Du von ganzem Herzen liebst - nämlich zu gärtnern, stehst Du vor der Herausforderung das entsprechende Werkzeug zu kaufen. Zum Glück gibt es bereits Unternehmer, die sich genau diesem Problem bereits angenommen haben: Spaten Hersteller. Doch stell Dir vor, wie traurig und vielleicht sogar entsetzt Du wärest, wenn Du wüsstest, das es eine Lösung für Dein Problem gibt (=Spaten) und kein Baumarkt dieser Welt ihn verkaufen würde! Genau das, ist die oben beschriebene unterlassene Hilfeleistung!

Wenn Du Dich darauf fokussierst die besten Lösungen für Deine Kunden zu finden, Dir bewusst machst, welchen enormen Mehrwert Dein Produkt für den Kunden hat und diesen auch kommunizierst, dann bist Du ein echter Lösungsverkäufer. Die Ursache für Veränderung. Die Quelle für ein besseres, leichteres Leben.

MACHE DIR KLAR:
WER GUTE VERÄNDERUNGEN VERURSACHT
DARF DAFÜR GUT BEZAHLT WERDEN!

Der gleiche gedankliche Ansatz funktioniert übrigens in allen Bereichen Deines Lebens! Du kannst das Wort „Kunde" auch mit „Partner" oder „meine Kinder" oder „mein Chef" oder „mein Körper" ersetzen. Es geht darum Deinen Fokus bewusst weg von Dir, hin zu der Lösung für Deinen Kunden, Partner, Kinder, Chef oder Körper zu lenken. Stell Dir die Frage, welche Herausforderungen Dein Partner, Deine Nachbarn, Deine Arbeitskollegen oder Dein Chef haben könnten und finde dafür clevere Lösungen. Selbstverständlich kannst Du Dir auch die Frage stellen, was Dein Körper braucht um voller Energie und Gesund zu sein. Dieses Mindset und die Umsetzung der Lösungen ist die Grundlage für Erfolg!

MERKE DIR:
ERFOLGREICHE MENSCHEN
SIND IMMER PROBLEMLÖSER!

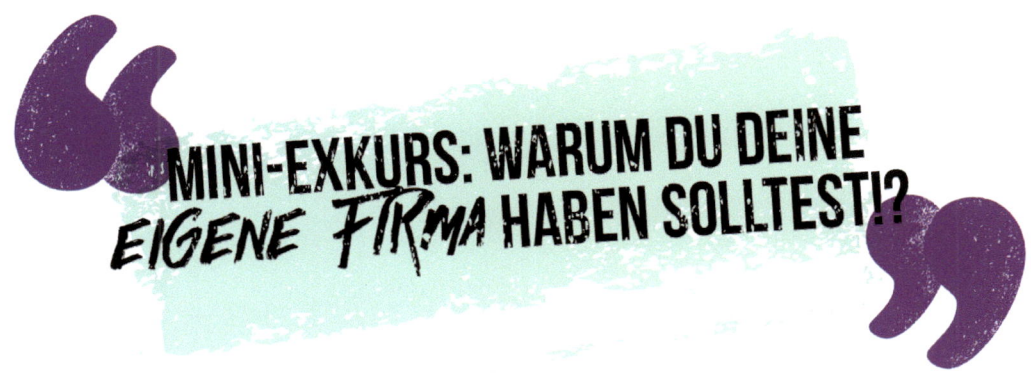

"MINI-EXKURS: WARUM DU DEINE EIGENE FIRMA HABEN SOLLTEST!?"

Es gibt **vier konkrete Punkte,** die ausschlaggebend dafür sind, **warum** auch Du unbedingt eine eigene Firma haben solltest. Diese vier Punkte lauten:

- ▶ Arbeitseinkommen
- ▶ Passives Einkommen
- ▶ Firmenwert
- ▶ Das Leben wird „günstiger"

Viele Menschen denken, dass es kompliziert sei eine Firma oder ein Unternehmen erfolgreich zu führen. Doch das ist ein fataler Irrglaube. Mit der richtigen Ausrichtung und einer klaren Positionierung wird auch der Erfolg eines Unternehmens zu einem **vorhersagbare Ergebnis.**

Einem erfolgreichen Unternehmen liegt daher eine (fast immer identische und gleiche) simple Gestaltungsstruktur zugrunde, die für jede Branche und jedes Businessmodell Gültigkeit besitzt. Ich bezeichne diese Struktur als das „MOP-DREIECK" - im folgenden erkläre ich es Dir etwas genauer.

"DAS MOP-DREIECK FÜR ERFOLGREICHE UNTERNEHMER"

Das Ziel hinter dem Konzept des MOP-Dreiecks ist es, einen **Gewinn zu erzielen.**

(ACHTUNG! Nicht zu verwechseln mit dem Ziel eines Unternehmens, denn ein Unternehmen existiert, um Probleme zu lösen und nicht primär um Gewinne zu erzielen!)

Erfolgreiche Unternehmen verwenden nur 20% ihrer Zeit für das Produkt, nur 20% für die Organisation (Ablage, Buchhaltung etc.) und **60% für das Marketing.** Das bedeutet, dass Du als Unternehmer von nun an bei einem Arbeitstag von zehn Stunden sechs Stunden für Marketing aufwendest, in zwei Stunden Deine Ablage machst und zwei Stunden Dein Produkt verbesserst, am Kunden anwendest oder analysierst!

DER 4 WOCHEN MARKETING-ERFOLGS-MANAGER

Die meisten Menschen arbeiten viel zu lange an ihrem Produkt. Viele Unternehmer tüfteln Tag und Nacht am perfekten Produkt und vergessen ganz, dass sie dadurch ihre Wirtschaftlichkeit verlieren… Doch das, was wirklich fehlt, sind **zielgerichtetes MARKETING** und **HANDLUNG!**

Viele Menschen denken, wenn sie das MOP-Konzept zum ersten Mal sehen, dass die Aufteilung keinen Sinn ergibt und sie mehr Produkte oder Dienstleistungen haben müssten, als Marketing zu betreiben. Doch das Spannende ist: Du kannst ein noch so geniales Coaching-Programm, Produkt, eine super Dienstleistung oder auch die perfekte Organisation haben, doch **ohne Kunden** bist Du trotzdem PLEITE!

Daraus leiten wir ab:

IM BEREICH DER ORGANISATION WIRD KEIN GELD VERDIENT!
IM BEREICH DES PRODUKTES WIRD KEIN GELD VERDIENT!
IM BEREICH DES MARKETINGS WIRD DAS GELD VERDIENT!

Viele Menschen sind „Perfektionisten"! Sie warten auf Dinge, die noch zu verbessern sind und fangen niemals wirklich an! Sie tüfteln so lange, weil sie Angst haben, nicht gut genug zu sein! Doch all das sind Ausreden - es ist eine Geschichte, die sie davon abhält, endlich anzufangen!

Aus genau diesem Grund habe ich den „Vier-Wochen-Marketing-Erfolgsmanager" für Dich erstellt! Denn er wird Dir dabei helfen, endlich in die **Umsetzung** zu kommen - und setzt dabei an dem wichtigsten Teil von allen an: dem TUN! Das Wort „TUN" steht hierbei symptomatisch für „Tag und Nacht", „Trägheit unermüdlich neutralisieren" und rückwärts gelesen „Nicht unnötig trödeln."

DAMIAN **RICHTER**

Mein Ziel hinter allem, was ich mache und hinter jedem Produkt des Damian Richter Universums ist es, Dich ideal auf Deinem Weg zu Deinem persönlichen Punkt des Ankommens zu begleiten. Das bedeutet für mich, dass Du jederzeit mehr an Wert von mir für Deine persönliche Weiterbildung erhältst, als Du in Geldwert dafür bezahlst.

Um Dir umfassend aktuelle und intensive, vertiefende Informationen rund um das Thema Marketing und den bereits angesprochenen Houdini-Effekt zu geben, habe ich **SECHS BONUS-VIDEOS** aufgenommen. Im Rahmen dieser sechs Bonus-Videos werde ich Dir weiterführende Tipps und Tricks verraten, Dir aus der Praxis berichten und wertvolle Hinweise geben, wie Du die Arbeit mit dem „Vier-Wochen-Marketing-Erfolgs-Manager" noch effizienter und ergebnisorientierter gestalten kannst.

Das erste Video, indem ich Dir alle wichtigen Grundlagen für den „Vier-Wochen-Marketing-Erfolgs-Manager" an die Hand gebe, findest Du hinter diesem QR-Code:

Scanne den Code mit Dein Handy und schau Dir im versteckten Bereich auf meiner Homepage das erste Video an. Nach dem Video wirst Du wissen, wie Du jederzeit motiviert und voller Energie sein kannst, **warum Marketing DER Schlüssel** für ein **außergewöhnliches Leben** ist, wie Du Deine Zielgruppe noch besser definieren und einkreisen kannst und wie Du konsequent dem Drang des „Aufschiebens" den Gar aus machen kannst und endlich durchstartest!

https://damian-richter.com/marketing-erfolgs-manager/start

Lass mich wissen, was Deine größte Erkenntnis aus dem Video war und schreibe mir unter meinen aktuellsten Post bei Instagram oder Facebook! Kommentiere unter dem Beitrag und ich werde Dir antworten - versprochen! ☺

Fünf weitere Videos warten auf Dich - und vier davon drehen sich um die jeweiligen vier Wochenthemen des „Vier-Wochen-Marketing-Erfolgs-Managers". Du findest die Videos immer **vor Beginn der neuen Woche**, zur Einstimmung auf die vor Dir liegenden sieben Tage. Scanne einfach den jeweiligen QR-Code und los gehts!

DAS BESTE KOMMT ZUM SCHLUSS:
DER ZAUBER DES HOUDINI RUFT NACH DIR!

Das letzte Video hat es in sich - denn in dem letzten Video (Du findest den QR-Code dazu auf einer der letzten Seiten im Skript) verrate ich Dir als einer der ersten Personen überhaupt, was genau der Houdini-Style ist und welch großen Einfluss er auf Deinen Erfolg im Marketing und Business hat!

Blättere also auf keinen Fall jetzt schon auf die letzten Seiten und schau Dir auch jetzt noch nicht das Video an - denn es könnte sein, dass sich bereits dann für Dich einfach ALLES verändern wird. Denn der Zauber des Houdini und die Magie hinter dem Houdini-Style trägt eine Kraft in sich, die einfach jeden, der sie für sich anwendet, in vollkommen neue Sphären des Erfolgs katapultieren wird...

Doch zu viel verraten will ich jetzt noch nicht - freue Dich erst einmal auf vier Wochen voller Wachstum und Marketing! Viel Spaß und Freude beim Umsetzen wünscht Dir Dein

Damian

DER 4 WOCHEN MARKETING-ERFOLGS-MANAGER

Immer wieder hören wir es, immer wieder lesen wir es - und doch ist es ein Thema, das uns alle immer wieder aufs Neue beschäftigt und fesselt: Die **richtige Zielformulierung** und das **Finden eines Ziels.**

Ganz bestimmt hast auch Du schon einmal gehört, dass es ohne ein richtiges Ziel im Leben **kein Ankommen** gibt - schließlich ist das Scheitern schon vorprogrammiert, wenn Du in ein Taxi steigst und dem Fahrer aber nicht sagst, wo es hingehen soll, richtig?

Der Fahrer ist in Bezug auf Dich das Leben. Es würde Dich gerne an genau den Punkt bringen, von dem Du sagst, dass Du dort angekommen bist, jedoch weiß es nicht was es machen soll, wenn es von Deiner Seite aus keine klare Anweisung gibt, wo dieser Punkt denn liegt, welche Voraussetzungen dort gegeben sind und wie es dort aussieht.

Also fährt der Taxifahrer des Lebens einfach willkürlich los, hält mal hier und mal da - doch Deine Unzufriedenheit bleibt und steigt von Tag zu Tag… denn Du hast niemals das Gefühl, angekommen zu sein.

Ein richtig formuliertes Ziel macht es **skalier- und messbar**, ob Du Dein Ziel erreicht hast oder wie weit der Weg zum Erreichen Deines Zieles noch ist. Die richtige Zielformulierung ist also eine Kunst für sich und wirklich enorm wichtig für jeden, der langfristig und nachhaltig erfolgreich sein will!

Damit auch Du Deine Ziele richtig formulieren und definieren kannst, habe ich Dir im Folgenden eine genaue Übersicht aller **zehn Regeln** der richtigen Zielformulierung dargelegt. Lies sie Dir in Ruhe durch und notiere Dir anschließend Dein übergeordnetes Ziel, welches Du Dir für die Arbeit mit dem „Vier-Wochen-Marketing-Erfolgs-Manager" setzen willst (natürlich handschriftlich hier in diesem Buch, auf den dafür vorgesehenen freien Zeilen!!).

DEIN HAUPTZIEL FÜR DIE KOMMENDEN VIER WOCHEN:

_____

_____

_____

Du wirst im Rahmen des vier Wochen Marketing-Erfolg-Managers **jede Woche** ein neues **Wochenziel** definieren, damit es Dir zur Gewohnheit wird Dein Fokus auf Deinen Zielen zu halten. Denn das, worauf Du Deinen Fokus richtest, dahin fließt Deine Energie.

HINWEIS: Nachdem Du Deine Ziele notiert hast, prüfe anhand der 10 Regeln zur richtigen Zielformulierung, ob Deine Ziele auch tatsächlich „den Regeln" standhalten und entsprechen. Bessere gegebenenfalls nach!

DIE ZEHN GOLDENEN REGELN DER RICHTIGEN ZIELFORMULIERUNG

1. ZIELE SIND IN DER **ICH-FORM** FORMULIERT - BEI DEINEN ZIELEN KOMMT ES AUF DICH AN!

2. DAS ZIEL IST **POSITIV** FORMULIERT. SCHREIBE AUF, WAS DU ERREICHEN WILLST. VERWENDE STETS POSITIVE FORMULIERUNGEN UND VERMEIDE WÖRTER WIE „NICHT", „KEIN", „WENIGER" USW. IN DEINER ZIELFORMULIERUNG.

3. FORMULIERE DEIN ZIEL **PRÄZISE** UND BRING ES SO **KURZ UND KNAPP** WIE MÖGLICH AUF DEN PUNKT.

4. FORMULIERE DEIN ZIEL IN DER **GEGENWART**. BESCHREIBE DAS, WAS AB SOFORT FÜR DICH WAHR SEIN WIRD.

5. DEINE ZIELE BEFINDEN SICH **IN HARMONIE ZUEINANDER.** SIE SIND AUFEINANDER ABGESTIMMT UND SIND SO FORMULIERT, DASS SIE SICH GEGENSEITIG **UNTERSTÜTZEN** UND **BESTÄRKEN.**

6. DEIN ZIEL IST FÜR DICH **HERAUSFORDERND**. ERST WENN EIN ZIEL DICH HERAUSFORDERT, DICH INSPIRIERT UND DEIN VERLANGEN WECKT, WIRST DU DIE NÖTIGE MOTIVATION UND GENÜGEND **DURCHHALTEVERMÖGEN** ENTWICKELN, UM DIESES ZIEL AUCH TATSÄCHLICH ZU ERREICHEN.

7. STELLE SICHER, DASS DEIN ZIEL **MESSBAR** IST. NUR WENN DEIN ZIEL MESSBAR IST, KANNST DU SELBST ÜBERPRÜFEN UND KONTROLLIEREN, OB DU DEM GEWÜNSCHTEN ERGEBNIS MIT DEINEN AKTIVITÄTEN NÄHER KOMMST. PRÜFE, WORAN DU FÜR DICH ERKENNEN KANNST, DASS DU **DEIN ZIEL ERREICHT** HAST ODER DASS DU FORTSCHRITTE AUF DEM WEG ZU DEINEM ZIEL MACHST.

8. DU BRAUCHST SOWOHL **KURZFRISTIGE** ALS AUCH **LANGFRISTIGE ZIELE.** FÜR KURZFRISTIGE ZIELE HAT SICH EINE DAUER VON BIS ZU EINEM JAHR BEWÄHRT. FÜR MITTELFRISTIGE ZIELE EIN ZEITHORIZONT VON ZWEI BIS SIEBEN JAHREN. LANGFRISTIGE ZIELE PLANST DU ÜBER EINEN ZEITRAUM VON SIEBEN JAHREN. (DIESER PUNKT IST FÜR DIE WOCHENZIELE NICHT RELEVANT.)

9. LEGE FÜR ALLE MESSBAREN ZIELE DEN **ZEITPUNKT** FEST, BIS WANN DU DEIN ZIEL ERREICHT HABEN WIRST. MIT EINEM GENAUEN ZEITPUNKT LIEGT DEIN ZIEL IN EINER VON DIR BESTIMMTEN ZUKUNFT.

10. DU BIST IN DER LAGE, DIE **VERANTWORTUNG ZU 100% ZU ÜBERNEHMEN.** ALLE AKTIVITÄTEN UND UNTERNEHMUNGEN, DIE DICH DEINEM ZIEL NÄHER BRINGEN, WERDEN DURCH DICH AUSGELÖST. DEIN ERFOLG DARF **NUR VON DIR ABHÄNGIG** SEIN UND KEINER ANDEREN PERSON.

{ 1. WOCHE MARKETING BASICS & WISSENSAUFBAU }

Schau Dir jetzt das **BONUS-VIDEO** zur Vertiefung und Erweiterung Deines **Marketingwissens** an!

https://damian-richter.com/marketing-erfolgs-manager/marketing-basics

WAS DICH DIESE WOCHE ERWARTET...

Los gehts - ab heute wird es ernst! Denn mit dem heutigen Tag beginnt unsere erste Woche im Rahmen der unserer gemeinsamen vier Wochen für Deinen Marketing-Erfolg. In den kommenden sieben Tagen werden wir uns zunächst mit den Grundlagen und dem Wissensaufbau Deines Marketings beschäftigen.

Denn auch wenn Dir vielleicht das ein oder andere schon bekannt vorkommen mag - sich immer wieder neu zu zentrieren und zu sammeln, sich neu auszurichten und **Klarheit** zu schaffen ist die Voraussetzung für jede nachhaltige Veränderung.

Und sind wir mal ehrlich - wenn Du Deine Zielgruppe bereits zu 100% klar skizziert und definiert hättest, Du wüsstest wie sie tickt und was sie sich wünscht, dann würdest Du nicht jetzt in diesem Moment diese Zeilen lesen, sondern **Deinen Business-Erfolg** einfach immer weiter nach oben skalieren, wahr oder wahr?

Nimm Dir besonders für die ersten Tage etwas mehr Zeit und arbeite alles sorgfältig aus. Denn nochmals: Je besser die Vorbereitung, desto einfacher das Spiel! Gemeinsam gießen wir sozusagen den Beton für das Fundament Deines **Marketing-Palastes** - und halten die Fundamente nicht, bricht alles, was darauf steht wieder ein, ganz egal wie wunderbar es ist…

Du kannst es Dir vorstellen mit einer **Geld-Druck-Maschine.** Jeder Mensch, den ich bislang gefragt habe, ob er gerne eine Geld-Druck-Maschine in seinem Garten stehen hätte hat mir einem lauten JA und einem breiten Grinsen im Gesicht geantwortet - in Vorfreude an das viele Geld, das sie sich durch allein diesen Umstand erhofft haben.

Die Wenigsten ergänzten in ihrer Antwort, dass sie auch eine Bedienungsanleitung benötigten und - und genau darauf kommt es an - eine **stabile Grundlage** für die Maschine dazubekommen müssten… Denn eine Geld-Druck-Maschine wiegt mehrere Tonnen, sodass jeder Boden und normale Untergründe einfach versacken würden und damit die Maschine nutzlos machen würden.

Gießen wir also nun das Fundament für Deine indirekte Geld-Druck-Maschine! Denn genau dazu wird sich Dein Marketing wandeln, indem es Dir Kunden in Dein Leben zieht, die Dir Dein Produkt aus den Händen reißen werden!

Damit Du jetzt mit voller **Energie** mit dem „vier Wochen Marketing-Erfolgs-Manager" beginnen kannst, habe ich Dir eine **ganz besondere Folge** in meinem Durchstarter Podcast aufgenommen.

DURCHSTARTER PODCAST
- FOLGE 195 -

FOKUS DER WOCHE Marketing Basics & Wissensaufbau

	MO	DI	MI

Plane Deine Woche im Voraus. Blocke Dir jetzt bewusst Zeiten, um in dieser Woche **Dein Marketingwissen** zu **erweitern** und zu **festigen**.

Trage Dir auch jetzt schon erste wichtige Termine sowie Zeit für Dich zum Beispiel für Sport ein.

Denke daran: Planung ist die gedankliche Vorwegnahme zukünftigen Handelns.

06 _____ 06 _____ 06 _____
07 _____ 07 _____ 07 _____
08 _____ 08 _____ 08 _____
09 _____ 09 _____ 09 _____
10 _____ 10 _____ 10 _____
11 _____ 11 _____ 11 _____
12 _____ 12 _____ 12 _____

WOCHENZIEL

Welches Ziel wirst Du Ende dieser Woche in Bezug auf Deinen Wissensaufbau von Marketing erreicht haben?
(Beachte dabei die zehn goldenen Regeln richtiger Zielformulierung! a. S. 21)

13 _____ 13 _____ 13 _____
14 _____ 14 _____ 14 _____
15 _____ 15 _____ 15 _____
16 _____ 16 _____ 16 _____
17 _____ 17 _____ 17 _____
18 _____ 18 _____ 18 _____
19 _____ 19 _____ 19 _____
20 _____ 20 _____ 20 _____
21 _____ 21 _____ 21 _____
22 _____ 22 _____ 22 _____
22 _____ 22 _____ 22 _____
23 _____ 23 _____ 23 _____

_____
_____
_____
_____
_____

WELCHES WISSEN BRAUCHE ICH, UM RICHTIG GAILES MARKETING ZU BETREIBEN UND RICHTIG DURCHZUSTARTEN?

_____
_____
_____
_____
_____
_____

WELCHE NEUEN GEWOHNHEITEN & STANDARDS MUSS ICH ETABLIEREN, UM MEIN WISSEN IN BEZUG AUF MARKETING KONTINUIERLICH ZU ERHÖHEN?

_____
_____
_____
_____
_____
_____

1. WOCHE

DAMIAN **RICHTER**

| **DO** | **FR** | **SA** | **SO** |

06 _____ 06 _____ 06 _____ 06 _____
07 _____ 07 _____ 07 _____ 07 _____
08 _____ 08 _____ 08 _____ 08 _____
09 _____ 09 _____ 09 _____ 09 _____
10 _____ 10 _____ 10 _____ 10 _____
11 _____ 11 _____ 11 _____ 11 _____
12 _____ 12 _____ 12 _____ 12 _____
13 _____ 13 _____ 13 _____ 13 _____
14 _____ 14 _____ 14 _____ 14 _____
15 _____ 15 _____ 15 _____ 15 _____
16 _____ 16 _____ 16 _____ 16 _____
17 _____ 17 _____ 17 _____ 17 _____
18 _____ 18 _____ 18 _____ 18 _____
19 _____ 19 _____ 19 _____ 19 _____
20 _____ 20 _____ 20 _____ 20 _____
21 _____ 21 _____ 21 _____ 21 _____
22 _____ 22 _____ 22 _____ 22 _____
22 _____ 22 _____ 22 _____ 22 _____
23 _____ 23 _____ 23 _____ 23 _____

WARUM IST ES FÜR MICH **PERSÖNLICH** UND **BERUFLICH WICHTIG**, DASS ICH MICH MIT **MARKETING** AUSEINANDERSETZE?

_____
_____
_____
_____
_____
_____

WIE WERDE ICH DIESE WOCHE IN DIE **UMSETZUNG** KOMMEN UND WIE WERDE ICH MIR DIESES **NEUE WISSEN ANEIGNEN?**

_____
_____
_____
_____
_____
_____

MONTAG   .   .20

MORGENS

WAS IST DEIN **HEUTIGER TAGESFOKUS?**
Worauf musst Du Dich heute fokussieren, um die größtmögliche positive Veränderung in Bezug auf Dein Marketingwissen zu erreichen?

THE **ONE THING TO DO?**
Welche eine Sache musst Du heute unbedingt erledigen? Was ist die eine Aufgabe, welche Du erledigt haben MUSST, bevor Du Dir erlaubst, schlafen zu gehen? Erledige diesen To-Do-Punkt am besten sofort morgens (Eat the frog in the morning)!

WIEDERHOLE DEIN **WOCHENZIEL**

Wiederholung ist die Mutter der Meisterschaft! Schreibe deswegen jeden Tag Dein Wochenziel auf, bis Du es erreicht hast und sobald Du es erreicht hast, feierst Du Dich jeden Tag dafür und schreibst auf, was für ein gailer Macher / gaile Macherin Du bist!

WORAUF FREUST DU DICH HEUTE?

WOFÜR KANNST DU HEUTE DANKBAR SEIN?

WAS KANNST DU HEUTE DAFÜR TUN, UM DEINEM WOCHENZIEL NÄHER ZU KOMMEN?

CHECKLISTE TAGESAUFGABEN

☐ ENTSCHEIDE DICH: Wer ist Deine primäre Zielgruppe?
☐ Intensive Auseinandersetzung mit Deiner Zielgruppe und deren Bedürfnissen & Gewohnheiten
☐ Erstellung eines konkreten Avatars
☐ _____
☐ _____

Marketing Basics & Wissensaufbau

DAMIAN **RICHTER**

TERMINE	**AUFGABEN**
06.00	06.00
07.00	07.00
08.00	08.00
08.30	08.30
09.00	09.00
09.30	09.30
10.00	10.00
10.30	10.30
11.00	11.00
11.30	11.30
12.00	12.00
12.30	12.30
13.00	13.00
13.30	13.30
14.00	14.00
14.30	14.30
15.00	15.00
15.30	15.30
16.00	16.00
16.30	16.30
17.00	17.00
17.30	17.30
18.00	18.00
19.00	19.00
20.00	20.00
21.00	21.00
22.00	22.00
22.00	22.00
23.00	23.00

MACH'S EINFACH, DENN DU BIST VIEL GRÖSSER ALS DU DENKST!

KLARHEIT ÜBER DEINE ZIELGRUPPE

Das Fundament für Dein erfolgreiches Marketing ist Dein Wissen über Deine Zielgruppe. Denn wie Du bereits gelernt hast, gilt es Deinen Fokus weg von Dir und hin zu Deinem Kunden, also Deiner Zielgruppe zu richten. Schaffe Dir Klarheit über Deine Zielgruppe und setze Dich mit ihren Bedürfnissen, Gewohnheiten und Problemen auseinander. Denn wenn Du weißt, was Deine Zielgruppe braucht, kannst Du es ihnen auch geben und gewinnst somit Kunden und Fans.

Zuallererst musst Du jedoch eine ENT-SCHEIDUNG treffen, wen Du **in erster Linie** mit Deinem Produkt oder Dienstleistung erreichen möchtest. Wie sieht Dein Traumkunde aus? Das heißt auch, dass Du Dir klarmachst, wen Du NICHT ansprechen willst. Je mehr Klarheit Du über Deine Zielgruppe hast, um so fokussierter kannst Du sie ansprechen und ihre Probleme lösen. Später, sobald Du im Erfolgsflow bist, kannst Du immer noch eine zweite Zielgruppe mit einem zweiten Problem hinzufügen, aber erst richtest Du Deine volle Aufmerksamkeit auf die Problemlösung EINER Zielgruppe.

ZEIT FÜR EINE ENTSCHEIDUNG: WER IST DEINE ZIELGRUPPE UND WELCHES PROBLEM LÖST DU FÜR SIE?

_____

_____

_____

Sensationell! Du hast eine Entscheidung getroffen und darfst Dir dafür einmal selbst auf die Schulter klopfen. Setze Dich als nächstes **intensiv** mit Deiner **Zielgruppe** auseinander. Notiere Dir dazu ein paar **Stichpunkte** zu den folgenden Merkmalen. Befrage dazu auch gerne Google, YouTube, verschiedene Foren oder Personen, die Deiner Zielgruppe entsprechen und lese Dir relevante Blogbeiträge zu Deiner Zielgruppe durch. Die fertige Übersicht wird als AVATAR oder PERSONA bezeichnet und sorgt für massive Klarheit.

DEMOGRAFISCHE MERKMALE

Alter

Geschlecht

Familienstand

Wohnort & -umgebung

NAME

_____

Einkommen, Beruf & Bildung

Marketing Basics & Wissensaufbau DAMIAN **RICHTER**

WELCHE **GRUNDSÄTZLICHEN CHARAKTEREIGENSCHAFTEN** ZEICHNET DEINE ZIELGRUPPE AUS?

WELCHE **INTERESSEN, FREIZEITBESCHÄFTIGUNGEN, HOBBYS** UND **VORLIEBEN** HAT DEINE ZIELGRUPPE?

WAS **HÖRT, SIEHT, MAG, LIEST, KONSUMIERT & MACHT** DEINE ZIELGRUPPE?

WAS **MAG** DEINE ZIELGRUPPE GAR **NICHT?**

WELCHE **PROBLEME** UND **HERAUSFORDERUNGEN** HAT DEINE ZIELGRUPPE?

MACH'S EINFACH, DENN DU BIST VIEL GRÖSSER ALS DU DENKST!

WIE GEHT DEINE ZIELGRUPPE IN DER REGEL **MIT IHREN PROBLEMEN** UND **HERAUSFORDERUNGEN** UM?

WELCHE BEDÜRFNISSE HAT DEINE ZIELGRUPPE? NACH WELCHEM **GEFÜHL** SEHNT ER ODER SIE SICH

WAS MOTIVIERT DEINE ZIELGRUPPE?

WELCHE ZIELE, TRÄUME UND **WÜNSCHE** HAT DEINE ZIELGRUPPE? WAS WILL ER ODER SIE IM LEBEN BZW. IM BERUF NOCH ERREICHEN?

WELCHE GEWOHNHEITEN HAT DEINE ZIELGRUPPE? WIE SIEHT EIN **GEWÖHNLICHER TAGESABLAUF** AUS?

WELCHE TECHNISCHEN GERÄTE NUTZT DEINE ZIELGRUPPE UND WIE IST IHR **NUTZERVERHALTEN** MIT DIESEN **GERÄTEN** UND IM **INTERNET?**

FÜR DEIN **PRIVATLEBEN:** Natürlich kannst Du Dir dieselben Fragen auch für die Menschen in Deiner Umgebung stellen, um diese als Deine Fans zu gewinnen. Wofür interessieren sich meine Kinder? Welche Bedürfnisse hat mein Partner? Welches Gefühl wünschen sich meine Eltern? Welches Problem kann ich für meinen Nachbarn lösen?

Marketing Basics & Wissensaufbau DAMIAN **RICHTER**

ABENDS

Liebe kommt von **verstehen.**
Verstehe **deine Zielgruppe** und
du gewinnst *liebende Fans*.

CHECKLISTE

- ☐ Marketingwissen erweitert
- ☐ Klarheit geschaffen
- ☐ Ziele & Aufgaben erreicht
- ☐ Ergebnisse produziert
- ☐ Probleme gelöst
- ☐ auf Social Media gepostet
- ☐ wie ein Überflieger gehandelt
- ☐ mehr an Wert in das Leben anderer Menschen getragen

- ☐ auf mein Herz gehört
- ☐ Komfortzone verlassen
- ☐ einen Moment der Stille gegönnt
- ☐ mir gesagt, wie liebenswert und wertvoll ich bin
- ☐ jemandem eine Freude bereitet
- ☐ auf den Fluss des Lebens vertraut
- ☐ etwas Gutes, Nahrhaftes gegessen
- ☐ Sport gemacht

WARUM BIST DU EIN GLÜCKSKIND?

_____
_____
_____
_____
_____

WAS IST DIR HEUTE GUT GELUNGEN? WAS SIND DEINE HEUTIGEN ERFOLGE? WORAUF BIST DU STOLZ?

_____
_____
_____
_____
_____

WAS HAST DU HEUTE NEUES GELERNT, VERBESSERT, ERKANNT, BEOBACHTET, TRANSFORMIERT ODER LOSGELASSEN?

_____
_____
_____
_____
_____

WAS HAST DU HEUTE GUTES FÜR DICH GETAN UND WAS HAST DU HEUTE GUTES FÜR ANDERE GETAN?

_____
_____
_____
_____
_____

DIENSTAG . .20

MORGENS

WAS IST DEIN **HEUTIGER TAGESFOKUS?**
Worauf musst Du Dich heute fokussieren, um die größtmögliche positive Veränderung in Bezug auf Dein Marketingwissen zu erreichen?

_____
_____

THE **ONE THING TO DO?**
Welche eine Sache musst Du heute unbedingt erledigen? Was ist die eine Aufgabe, welche Du erledigt haben MUSST, bevor Du Dir erlaubst, schlafen zu gehen? Erledige diesen To-Do-Punkt am besten sofort morgens (Eat the frog in the morning)!

_____
_____
_____

WIEDERHOLE DEIN **WOCHENZIEL**

Wiederholung ist die Mutter der Meisterschaft! Schreibe deswegen jeden Tag Dein Wochenziel auf, bis Du es erreicht hast und sobald Du es erreicht hast, feierst Du Dich jeden Tag dafür und schreibst auf, was für ein gailer Macher / gaile Macherin Du bist!

_____
_____
_____

WORAUF FREUST DU DICH HEUTE?

_____
_____
_____
_____
_____

WOFÜR KANNST DU HEUTE DANKBAR SEIN?

_____
_____
_____
_____
_____

WAS KANNST DU HEUTE DAFÜR TUN, UM DEINEM WOCHENZIEL NÄHER ZU KOMMEN?

_____
_____
_____
_____
_____

CHECKLISTE TAGESAUFGABEN

☐ Intensive Auseinandersetzung mit allen für Deine Zielgruppe relevanten Medien
☐ _____
☐ _____
☐ _____
☐ _____

Marketing Basics & Wissensaufbau

DAMIAN **RICHTER**

TERMINE	**AUFGABEN**

TERMINE	AUFGABEN
06.00	06.00
07.00	07.00
08.00	08.00
08.30	08.30
09.00	09.00
09.30	09.30
10.00	10.00
10.30	10.30
11.00	11.00
11.30	11.30
12.00	12.00
12.30	12.30
13.00	13.00
13.30	13.30
14.00	14.00
14.30	14.30
15.00	15.00
15.30	15.30
16.00	16.00
16.30	16.30
17.00	17.00
17.30	17.30
18.00	18.00
19.00	19.00
20.00	20.00
21.00	21.00
22.00	22.00
22.00	22.00
23.00	23.00

MACH'S EINFACH, DENN DU BIST VIEL GRÖSSER ALS DU DENKST!

DIE MEDIEN DEINER ZIELGRUPPE

Nun, da Du ein sehr klares Bild von Deiner Zielgruppe hast, solltest Du Dich genauso intensiv mit den Medien, die Deine Zielgruppe konsumiert, auseinandersetzen. Denn wenn Du genau weißt, was Deine Zielgruppe konsumiert und womit sie sich täglich umgibt, kannst Du noch besser auf ihre Bedürfnisse eingehen und jeden da abholen, wo er/sie gerade steht - wahr oder wahr?

Grundsätzlich lassen sich Medien in die folgenden **Kategorien** einteilen:

- **Printmedien** (Bücher, Zeitungen, Zeitschriften, Plakate, Postkarten, ...)
- **Audiovisuelle Medien** (Filme, Hörfunk, Radio, Fernsehen)
- **Digitale und Online Medien** (Webseiten, Blogs, Soziale Medien wie z.B. Instagram und Facebook, Podcasts, YouTube Videos, Online Spiele, Foren, ...)

SETZE DICH MIT DEN FÜR DEINE ZIELGRUPPE RELEVANTEN MEDIEN AUSEINANDER UND NOTIERE HIER DEINE ERKENNTNISSE.

PRINTMEDIEN

Welche Bücher, Zeitungen & Zeitschriften liest Deine Zielgruppe? Haben sie Poster an der Wand hängen oder versenden sie Postkarten oder nutzen sie anderweitige Printprodukte?

_____
_____
_____
_____
_____

NAME DES MEDIUMS	AUFLAGE	REICHWEITE	BEMERKUNGEN

Marketing Basics & Wissensaufbau

DAMIAN **RICHTER**

AUDIOVISUELLE MEDIEN

Welche Filme, Serien & Sendungen schaut Deine Zielgruppe an? Worum geht es dabei? Wie heißen dort die allerwichtigsten Personen? Was sind die Besonderheiten? Zu welcher Uhrzeit werden die Serien ausgestrahlt? Schaut Deine Zielgruppe die Medien im Kino, Fernsehen oder auf Netflix & Co?

_____

_____

_____

_____

_____

_____

NAME	REICHWEITE	WORUM GEHT ES?	BEMERKUNGEN

DIGITALE UND ONLINE MEDIEN

Liest Deine Zielgruppe regelmäßig Blogs, wenn ja welche? Welche Sozialen Medien (Facebook, Instagram, Snapchat, Pinterest, Xing, Linked In, YouTube, ...) nutzt Deine Zielgruppe? Hören sie intensive Podcasts oder schauen sie kurzweilige Katzenvideos auf YouTube? Wie viel Zeit verbringen sie mit Digitalen Medien? Wie heißen relevante Influencer?

_____

_____

_____

_____

_____

_____

MACH'S EINFACH, DENN DU BIST VIEL GRÖSSER ALS DU DENKST!

NAME DES MEDIUMS	WAS IST ES?	REICHWEITE	BEMERKUNGEN

FÜR DEIN **PRIVATLEBEN:** Wenn Du besser auf Deine Kinder, Arbeitskollegen oder Deinen Partner eingehen können und sie als echte Fans gewinnen möchtest, empfehle ich Dir, Dich auch mit ihren Lieblingsmedien auseinanderzusetzen. Du wist überrascht sein, welche gigantische Auswirkung diese (Wissens-) Brücke haben wird!

RAUM FÜR NOTIZEN

_____
_____
_____
_____
_____
_____
_____
_____
_____
_____
_____
_____
_____

Marketing Basics & Wissensaufbau DAMIAN **RICHTER**

ABENDS

DORT, WO DIE **ANGST AM GRÖSSTEN** IST,
WARTET DEINE *FREIHEIT!*

CHECKLISTE

- ☐ Marketingwissen erweitert
- ☐ Klarheit geschaffen
- ☐ Ziele & Aufgaben erreicht
- ☐ Ergebnisse produziert
- ☐ Probleme gelöst
- ☐ auf Social Media gepostet
- ☐ wie ein Überflieger gehandelt
- ☐ mehr an Wert in das Leben anderer Menschen getragen

- ☐ auf mein Herz gehört
- ☐ Komfortzone verlassen
- ☐ einen Moment der Stille gegönnt
- ☐ mir gesagt, wie liebenswert und wertvoll ich bin
- ☐ jemandem eine Freude bereitet
- ☐ auf den Fluss des Lebens vertraut
- ☐ etwas Gutes, Nahrhaftes gegessen
- ☐ Sport gemacht

WARUM BIST DU EIN **GLÜCKSKIND?**

_____
_____
_____
_____
_____

WAS IST DIR HEUTE **GUT GELUNGEN?** WAS SIND DEINE HEUTIGEN **ERFOLGE?** WORAUF BIST DU **STOLZ?**

_____
_____
_____
_____
_____

WAS HAST DU HEUTE **NEUES GELERNT, VERBESSERT, ERKANNT, BEOBACHTET, TRANSFORMIERT** ODER **LOSGELASSEN?**

_____
_____
_____
_____
_____

WAS HAST DU HEUTE **GUTES FÜR DICH** GETAN UND WAS HAST DU HEUTE **GUTES FÜR ANDERE** GETAN?

_____
_____
_____
_____
_____

MITTWOCH . .20

MORGENS

WAS IST DEIN HEUTIGER TAGESFOKUS?
Worauf musst Du Dich heute fokussieren, um die größtmögliche positive Veränderung in Bezug auf Dein Marketingwissen zu erreichen?

THE ONE THING TO DO?
Welche eine Sache musst Du heute unbedingt erledigen? Was ist die eine Aufgabe, welche Du erledigt haben MUSST, bevor Du Dir erlaubst, schlafen zu gehen? Erledige diesen To-Do-Punkt am besten sofort morgens (Eat the frog in the morning)!

WIEDERHOLE DEIN WOCHENZIEL

Wiederholung ist die Mutter der Meisterschaft! Schreibe deswegen jeden Tag Dein Wochenziel auf, bis Du es erreicht hast und sobald Du es erreicht hast, feierst Du Dich jeden Tag dafür und schreibst auf, was für ein gailer Macher / gaile Macherin Du bist!

___

WORAUF FREUST DU DICH HEUTE?

WOFÜR KANNST DU HEUTE DANKBAR SEIN?

WAS KANNST DU HEUTE DAFÜR TUN, UM DEINEM WOCHENZIEL NÄHER ZU KOMMEN?

CHECKLISTE TAGESAUFGABEN
- [ ] ENTSCHEIDE DICH: Wie willst Du wahrgenommen werden? Wie positionierst Du Dich?
- [ ] ___
- [ ] ___
- [ ] ___
- [ ] ___

Marketing Basics & Wissensaufbau   DAMIAN **RICHTER**

TERMINE	**AUFGABEN**

06.00 —————————————————   06.00 —————————————————

07.00 —————————————————   07.00 —————————————————

08.00 —————————————————   08.00 —————————————————

08.30 —————————————————   08.30 —————————————————

09.00 —————————————————   09.00 —————————————————

09.30 —————————————————   09.30 —————————————————

10.00 —————————————————   10.00 —————————————————

10.30 —————————————————   10.30 —————————————————

11.00 —————————————————   11.00 —————————————————

11.30 —————————————————   11.30 —————————————————

12.00 —————————————————   12.00 —————————————————

12.30 —————————————————   12.30 —————————————————

13.00 —————————————————   13.00 —————————————————

13.30 —————————————————   13.30 —————————————————

14.00 —————————————————   14.00 —————————————————

14.30 —————————————————   14.30 —————————————————

15.00 —————————————————   15.00 —————————————————

15.30 —————————————————   15.30 —————————————————

16.00 —————————————————   16.00 —————————————————

16.30 —————————————————   16.30 —————————————————

17.00 —————————————————   17.00 —————————————————

17.30 —————————————————   17.30 —————————————————

18.00 —————————————————   18.00 —————————————————

19.00 —————————————————   19.00 —————————————————

20.00 —————————————————   20.00 —————————————————

21.00 —————————————————   21.00 —————————————————

22.00 —————————————————   22.00 —————————————————

22.00 —————————————————   22.00 —————————————————

23.00 —————————————————   23.00 —————————————————

MACH´S EINFACH, DENN **DU** BIST VIEL *GRÖSSER* ALS DU **DENKST!**

WIE WILLST DU WAHRGENOMMEN WERDEN?

Ja, Du hast genau richtig gelesen. Wie willst Du von Deinem Umfeld, Deinen Kunden und am Markt wahrgenommen werden? Denn wie Du wahrgenommen wirst, **bestimmst Du** zu einem sehr großen Teil selbst - durch Dein Auftreten und die Dinge, die Du nach außen kommunizierst. Wir kommunizieren die ganze Zeit. Es ist nicht möglich, nicht nicht zu kommunizieren. Du kommunizierst eine Botschaft nach außen, durch die Kleidung, die Du trägst, durch die Bilder, die Du postest, durch einfach jedes Wort und jede Handlung. Natürlich bewertet jeder Mensch Deine Worte und Taten durch sein persönliches Gefäß - damit musst Du lernen umzugehen. Doch es ist Deine Entscheidung, was genau Du aussenden möchtest. Deswegen darfst Du Dir bei allem, was Du tust oder sagst, die Frage im Hinterkopf behalten:

„WILL ICH WIRKLICH **SO** WAHRGENOMMEN WERDEN?"

Wie will ich wahrgenommen werden? Wer bin ich eigentlich wirklich? Was sind meine Werte? Was befürworte ich und was lehne ich ab? - Nimm gedanklich immer wieder Bezug auf Dein Business bzw. Deine Zielgruppe. Denn wenn Du beispielsweise missbrauchten Frauen helfen möchtest ihr Trauma zu überwinden, wäre es möglicherweise nicht all zu sinnvoll, Dich als das Energiebündel schlechthin zu positionieren, weil diese Frauen im ersten Schritt von dieser überdurchschnittlich hohen Energie abgeschreckt werden würden.

Wie Du merkst, ist es also sehr wichtig, sich über seine **Wirkungsweise**, besonders in Bezug auf seine Zielgruppe, sehr **bewusst zu sein.** Dieses Bewusstsein wird Dir auch dabei helfen echte Fans zu gewinnen. Wie? Ganz einfach, indem Du immer wieder und wieder und wieder sagst, wer Du bist, was Dich antreibt, wo Du hin willst, warum Du da hin willst und so weiter und so fort. Wenn Du zum Beispiel weißt, was Du mit Deinem Wirken erreichen willst, kannst Du das auch mit Deiner Community teilen - wahr oder wahr? Oder wenn Du weißt, was Du mit Deinem Geld machen möchtest, wenn es Dir zum Beispiel eine Herzensangelegenheit ist, den Ozean von Plastik zu befreien und Du dafür regelmäßig Geld spendest, solltest Du auch das unbedingt mit Deinen Fans teilen. Diese Form der Klarheit macht Dich **noch authentischer** und **nahbarer** und die Menschen können dadurch noch **leichter „Ja" zu Dir sagen.**

NOTIERE DIR HIER **DEINE GRÖSSTEN ERKENNTNISSE** AUS DER ÜBUNG! GEHE DABEI AUCH DARAUF EIN, **WIE** DU KONKRET DEINE WERTE (WER DU BIST, WAS DIR WICHTIG IST, WIE DU BIST,...) NACH AUSSEN **KOMMUNIZIERST** UND IM **ALLTAG LEBST.**

_____
_____
_____
_____
_____
_____
_____
_____
_____
_____

Das Thema der inneren Werte und der eigenen Identität ist so spannend und umfangreich, dass mein Team und ich einen intensiven fünf-tägigen Live-Workshop kreiert haben: die DESTINY MASTERCLASS!

Marketing Basics & Wissensaufbau DAMIAN **RICHTER**

ABENDS

DENK IMMER DARAN: ES GIBT ENTWEDER **AUSREDEN** ODER *ERGEBNISSE!*

CHECKLISTE

- ☐ Marketingwissen erweitert
- ☐ Klarheit geschaffen
- ☐ Ziele & Aufgaben erreicht
- ☐ Ergebnisse produziert
- ☐ Probleme gelöst
- ☐ auf Social Media gepostet
- ☐ wie ein Überflieger gehandelt
- ☐ mehr an Wert in das Leben anderer Menschen getragen

- ☐ auf mein Herz gehört
- ☐ Komfortzone verlassen
- ☐ einen Moment der Stille gegönnt
- ☐ mir gesagt, wie liebenswert und wertvoll ich bin
- ☐ jemandem eine Freude bereitet
- ☐ auf den Fluss des Lebens vertraut
- ☐ etwas Gutes, Nahrhaftes gegessen
- ☐ Sport gemacht

WARUM BIST DU EIN **GLÜCKSKIND?**
_____
_____
_____
_____
_____
_____

WAS IST DIR HEUTE **GUT GELUNGEN?** WAS SIND DEINE HEUTIGEN **ERFOLGE?** WORAUF BIST DU **STOLZ?**
_____
_____
_____
_____
_____
_____

WAS HAST DU HEUTE **NEUES GELERNT, VERBESSERT, ERKANNT, BEOBACHTET, TRANSFORMIERT** ODER **LOSGELASSEN?**
_____
_____
_____
_____
_____
_____

WAS HAST DU HEUTE **GUTES FÜR DICH** GETAN UND WAS HAST DU HEUTE **GUTES FÜR ANDERE** GETAN?
_____
_____
_____
_____
_____
_____

DONNERSTAG . .20

MORGENS

WAS IST DEIN HEUTIGER TAGESFOKUS?
Worauf musst Du Dich heute fokussieren, um die größtmögliche positive Veränderung in Bezug auf Dein Marketingwissen zu erreichen?

THE ONE THING TO DO?
Welche eine Sache musst Du heute unbedingt erledigen? Was ist die eine Aufgabe, welche Du erledigt haben MUSST, bevor Du Dir erlaubst, schlafen zu gehen? Erledige diesen To-Do-Punkt am besten sofort morgens (Eat the frog in the morning)!

WIEDERHOLE DEIN WOCHENZIEL

Wiederholung ist die Mutter der Meisterschaft! Schreibe deswegen jeden Tag Dein Wochenziel auf, bis Du es erreicht hast und sobald Du es erreicht hast, feierst Du Dich jeden Tag dafür und schreibst auf, was für ein gailer Macher / gaile Macherin Du bist!

_____
_____
_____

WORAUF FREUST DU DICH HEUTE?

WOFÜR KANNST DU HEUTE DANKBAR SEIN?

WAS KANNST DU HEUTE DAFÜR TUN, UM DEINEM WOCHENZIEL NÄHER ZU KOMMEN?

CHECKLISTE TAGESAUFGABEN
- ☐ Feinschliff Deines Expertenstatus
- ☐ Checkliste für Deinen persönlichen Expertenstatus
- ☐ _____
- ☐ _____
- ☐ _____
- ☐ _____

Marketing Basics & Wissensaufbau

DAMIAN **RICHTER**

TERMINE	**AUFGABEN**
06.00	06.00
07.00	07.00
08.00	08.00
08.30	08.30
09.00	09.00
09.30	09.30
10.00	10.00
10.30	10.30
11.00	11.00
11.30	11.30
12.00	12.00
12.30	12.30
13.00	13.00
13.30	13.30
14.00	14.00
14.30	14.30
15.00	15.00
15.30	15.30
16.00	16.00
16.30	16.30
17.00	17.00
17.30	17.30
18.00	18.00
19.00	19.00
20.00	20.00
21.00	21.00
22.00	22.00
22.00	22.00
23.00	23.00

MACH'S EINFACH, DENN DU BIST VIEL GRÖSSER ALS DU DENKST!

POSITIONIERUNG AM MARKT - DEIN EXPERTENSTATUS

Dein Expertenstatus ist der Turbo für Deinen Erfolg! Jetzt, da Du Deine Zielgruppe ganz genau studiert hast und Dir Deiner Wirkungsweise schon sehr bewusst bist, ist es sinnvoll, noch tiefer in Deine Positionierung am Markt einzusteigen.

HAT SICH ETWAS AN DEINEM EXPERTENSTATUS VERÄNDERT? WIE LAUTET, MIT DEINEN NEUSTEN ERKENNTNISSEN, DEIN ELEVATOR PITCH? WAS SIND DEINE GRÖSSTEN ERKENNTNISSE BEIM ZWEITEN MAL DARÜBER NACHDENKEN?

_____
_____
_____
_____
_____
_____
_____

Du hast Deine größten Erkenntnisse festgehalten? Sensationell! Gib Dir selbst mal ein „High Five"!

Fertige nun eine **Checkliste** für Dich an, wie Du Deinen **Expertenstatus** im Alltag lebst! **Wann, wie, wo** und auf **welche Art und Weise** wirst Du Dich als **Experte zeigen?** In welchen Foren, Communitys oder Facebook-Guppen wirst Du regelmäßig wertvolle Beiträge teilen? Wie werden diese Beiträge aufgebaut sein? Startest Du Deinen eigenen Podcast oder YouTube Kanal? Wenn ja, wann, wie regelmäßig, welches Format, welche Inhalte? Online-Kongresse und eigene Webinare? Flyer Aktion in der Nachbarschaft? Aufruf im Radio? Vortrag auf einer Fachmesse? Was wirst Du tun, um Dich als Experte sichtbar zu machen?

DEINE EXPERTEN - CHECKLISTE

☐ _____   ☐ _____
☐ _____   ☐ _____
☐ _____   ☐ _____
☐ _____   ☐ _____
☐ _____   ☐ _____
☐ _____   ☐ _____
☐ _____   ☐ _____

FÜR DEIN PRIVATLEBEN: Übrigens kannst Du Dir auch eine Checkliste für einen persönlichen Expertenstatus machen. Du möchtest, dass Deine pubertierenden Kinder mit ihren Problemen zu Dir kommen? Dann werde Experte für Lösungen von Teenie-Problemen. Erzähl doch einfach Mal, von den Herausforderungen in Deiner Jugend und wie Du diese gelöst hast.

Marketing Basics & Wissensaufbau DAMIAN **RICHTER**

ABENDS

DU BEKOMMST NUR DAS, WAS DU *VERHANDELST*, **NICHT** WAS DU **VERDIENST!**

CHECKLISTE

- ☐ Marketingwissen erweitert
- ☐ Klarheit geschaffen
- ☐ Ziele & Aufgaben erreicht
- ☐ Ergebnisse produziert
- ☐ Probleme gelöst
- ☐ auf Social Media gepostet
- ☐ wie ein Überflieger gehandelt
- ☐ mehr an Wert in das Leben anderer Menschen getragen

- ☐ auf mein Herz gehört
- ☐ Komfortzone verlassen
- ☐ einen Moment der Stille gegönnt
- ☐ mir gesagt, wie liebenswert und wertvoll ich bin
- ☐ jemandem eine Freude bereitet
- ☐ auf den Fluss des Lebens vertraut
- ☐ etwas Gutes, Nahrhaftes gegessen
- ☐ Sport gemacht

WARUM BIST DU EIN GLÜCKSKIND?
_____
_____
_____
_____
_____
_____

WAS IST DIR HEUTE GUT GELUNGEN? WAS SIND DEINE HEUTIGEN ERFOLGE? WORAUF BIST DU STOLZ?
_____
_____
_____
_____
_____
_____

WAS HAST DU HEUTE NEUES GELERNT, VERBESSERT, ERKANNT, BEOBACHTET, TRANSFORMIERT ODER LOSGELASSEN?
_____
_____
_____
_____
_____
_____

WAS HAST DU HEUTE GUTES FÜR DICH GETAN UND WAS HAST DU HEUTE GUTES FÜR ANDERE GETAN?
_____
_____
_____
_____
_____
_____

FREITAG   .   .20

MORGENS

WAS IST DEIN **HEUTIGER TAGESFOKUS?**
Worauf musst Du Dich heute fokussieren, um die größtmögliche positive Veränderung in Bezug auf Dein Marketingwissen zu erreichen?

THE **ONE THING TO DO?**
Welche eine Sache musst Du heute unbedingt erledigen? Was ist die eine Aufgabe, welche Du erledigt haben MUSST, bevor Du Dir erlaubst, schlafen zu gehen? Erledige diesen To-Do-Punkt am besten sofort morgens (Eat the frog in the morning)!

WIEDERHOLE DEIN **WOCHENZIEL**

Wiederholung ist die Mutter der Meisterschaft! Schreibe deswegen jeden Tag Dein Wochenziel auf, bis Du es erreicht hast und sobald Du es erreicht hast, feierst Du Dich jeden Tag dafür und schreibst auf, was für ein gailer Macher / gaile Macherin Du bist!

_____
_____
_____

WORAUF FREUST DU DICH HEUTE?

WOFÜR KANNST DU HEUTE DANKBAR SEIN?

WAS KANNST DU HEUTE DAFÜR TUN, UM DEINEM WOCHENZIEL NÄHER ZU KOMMEN?

CHECKLISTE TAGESAUFGABEN
- ☐ Bewusst als Experte in einem sozialen Netzwerk zeigen
- ☐ Experten-Mehrwert an so viele Menschen wie möglich kommunizieren
- ☐ _____
- ☐ _____
- ☐ _____

Marketing Basics & Wissensaufbau

DAMIAN **RICHTER**

TERMINE	**AUFGABEN**
06.00	06.00
07.00	07.00
08.00	08.00
08.30	08.30
09.00	09.00
09.30	09.30
10.00	10.00
10.30	10.30
11.00	11.00
11.30	11.30
12.00	12.00
12.30	12.30
13.00	13.00
13.30	13.30
14.00	14.00
14.30	14.30
15.00	15.00
15.30	15.30
16.00	16.00
16.30	16.30
17.00	17.00
17.30	17.30
18.00	18.00
19.00	19.00
20.00	20.00
21.00	21.00
22.00	22.00
22.00	22.00
23.00	23.00

MACH'S EINFACH, DENN DU BIST VIEL GRÖSSER ALS DU DENKST!

DIE FRONTEND PRAXIS BEGINNT

Du hast diese Woche bereits eine Menge Entscheidungen getroffen und für sehr viel Klarheit gesorgt - Du kannst also schon mächtig stolz auf Dich sein! Jetzt geht es mit genauso großen Schritten weiter vorwärts! „Es gilt nicht mehr: GEIZ IST GEIL, sondern **MEHRWERT IST GAIL!**" *(Caspar Coppetti)*. Deswegen geht es heute um den Mehrwert, den Du Deinen Kunden gibst oder genauer gesagt Deinen Interessenten. In der gestrigen Übung hast Du Deine persönliche Experten-Checkliste erstellt, in der Du festgehalten hast, wann Du Dich wie, wo, mit was als Experte zeigen möchtest. Jetzt gilt es das Ganze in die Tat umzusetzen!

Beginne heute mit **EINEM sozialen Netzwerk,** welches besonders relevant für Deine Zielgruppe ist und **zeige Dich dort als Experte!** Suche nach Möglichkeiten, Dich auch über das simple posten von Beiträgen auf Deinem Profil hinaus zu zeigen. Gib so viel **Experten-Mehrwert** raus, wie Du kannst! Schreibe wertvolle Kommentare unter die Beiträge wichtiger Influencer, starte eine interessante Diskussion in einer Facebook-Gruppe, suche nach passenden Interview-Partnern und schreibe Terminanfragen, nehme eine extrem wertvolle Videoreihe für eine Anzeigen-Kampagne auf, kontaktiere relevante Blogger und Bloggerinnen für eine Kooperation,.... Deiner Kreativität sind keine Grenzen gesetzt!

Komme heute in die **Handlung, zeige Dich als Experte** und stell Dir die folgenden **Fragen:**

- ▸ WAS KANN ICH NOCH TUN, UM MICH ALS EXPERTE ZU ZEIGEN?
- ▸ WELCHE MÖGLICHKEITEN GIBT ES NOCH, DASS MEHR MENSCHEN MICH KENNENLERNEN KÖNNEN?
- ▸ WIE SIND DIE BESTEN INFLUENCER SO BEKANNT GEWORDEN?
- ▸ WAS MUSS ICH TUN, UM MEHR REICHWEITE ZU GENERIEREN?

RAUM FÜR NOTIZEN

Marketing Basics & Wissensaufbau   DAMIAN **RICHTER**

ABENDS

QUATSCHENDEN MENSCHEN
KANN *GEHOLFEN* WERDEN!

CHECKLISTE

- ☐ Marketingwissen erweitert
- ☐ Klarheit geschaffen
- ☐ Ziele & Aufgaben erreicht
- ☐ Ergebnisse produziert
- ☐ Probleme gelöst
- ☐ auf Social Media gepostet
- ☐ wie ein Überflieger gehandelt
- ☐ mehr an Wert in das Leben anderer Menschen getragen

- ☐ auf mein Herz gehört
- ☐ Komfortzone verlassen
- ☐ einen Moment der Stille gegönnt
- ☐ mir gesagt, wie liebenswert und wertvoll ich bin
- ☐ jemandem eine Freude bereitet
- ☐ auf den Fluss des Lebens vertraut
- ☐ etwas Gutes, Nahrhaftes gegessen
- ☐ Sport gemacht

WARUM BIST DU EIN GLÜCKSKIND?
_____
_____
_____
_____
_____

WAS IST DIR HEUTE GUT GELUNGEN? WAS SIND DEINE HEUTIGEN ERFOLGE? WORAUF BIST DU STOLZ?
_____
_____
_____
_____
_____

WAS HAST DU HEUTE NEUES GELERNT, VERBESSERT, ERKANNT, BEOBACHTET, TRANSFORMIERT ODER LOSGELASSEN?
_____
_____
_____
_____
_____

WAS HAST DU HEUTE GUTES FÜR DICH GETAN UND WAS HAST DU HEUTE GUTES FÜR ANDERE GETAN?
_____
_____
_____
_____
_____

SAMSTAG   .   .20

MORGENS

WAS IST DEIN **HEUTIGER TAGESFOKUS?**
Worauf musst Du Dich heute fokussieren, um die größtmögliche positive Veränderung in Bezug auf Dein Marketingwissen zu erreichen?

THE **ONE THING TO DO?**
Welche eine Sache musst Du heute unbedingt erledigen? Was ist die eine Aufgabe, welche Du erledigt haben MUSST, bevor Du Dir erlaubst, schlafen zu gehen? Erledige diesen To-Do-Punkt am besten sofort morgens (Eat the frog in the morning)!

WIEDERHOLE DEIN **WOCHENZIEL**
Wiederholung ist die Mutter der Meisterschaft! Schreibe deswegen jeden Tag Dein Wochenziel auf, bis Du es erreicht hast und sobald Du es erreicht hast, feierst Du Dich jeden Tag dafür und schreibst auf, was für ein gailer Macher / gaile Macherin Du bist!

___

WORAUF **FREUST** DU DICH HEUTE?

WOFÜR KANNST DU HEUTE **DANKBAR** SEIN?

WAS KANNST DU HEUTE DAFÜR **TUN**, UM DEINEM **WOCHENZIEL NÄHER** ZU KOMMEN?

CHECKLISTE **TAGESAUFGABEN**
- [ ] Materialrecherche (Bilder, Videos & Co)
- [ ] Suche nach Apps und Programmen zur Bildbearbeitung
- [ ] ___
- [ ] ___
- [ ] ___

Marketing Basics & Wissensaufbau

DAMIAN **RICHTER**

TERMINE	AUFGABEN

TERMINE	AUFGABEN
06.00	06.00
07.00	07.00
08.00	08.00
08.30	08.30
09.00	09.00
09.30	09.30
10.00	10.00
10.30	10.30
11.00	11.00
11.30	11.30
12.00	12.00
12.30	12.30
13.00	13.00
13.30	13.30
14.00	14.00
14.30	14.30
15.00	15.00
15.30	15.30
16.00	16.00
16.30	16.30
17.00	17.00
17.30	17.30
18.00	18.00
19.00	19.00
20.00	20.00
21.00	21.00
22.00	22.00
22.00	22.00
23.00	23.00

MACH'S EINFACH, DENN DU BIST VIEL GRÖSSER ALS DU DENKST!

BILDER, VIDEOS UND MEHR

Möglicherweise ist Dir gestern bei Deinen Recherchen und Deiner Präsentation als Experte aufgefallen, dass Bilder, Videos etc. extrem wichtig für Deine Sichtbarkeit in sozialen Medien sind. Deswegen beschäftigst Du Dich heute mit der Beschaffung von relevantem Material (Bilder, Videos, Musik, Schriften, Designs, ...) für Deine Positionierung.

Überlege und recherchiere dafür, zu den folgenden Fragen.

WO BEKOMME ICH GEEIGNETE BILDER VIDEOS & CO. HER? WAS SOLL DARAUF ZU SEHEN SEIN? WIE IST DIE STIMMUNG?

_____

_____

_____

WIE KANN ICH BILDER & VIDEOS SCHNELL BEARBEITEN? WELCHE APPS UND PROGRAMME SIND BESONDERS GUT FÜR MEINE BEDÜRFNISSE GEEIGNET? WIE BEDIENE ICH DIESE? WER KÖNNTE MIR DABEI HELFEN, DIESE APPS UND PROGRAMME ZU BENUTZEN?

_____

_____

_____

BRAUCHE ICH AUFNAHMEN VON MIR? KANN ICH DIESE SELBST MACHEN? WER KÖNNTE PROFESSIONELLE BILDER UND VIDEOS VON MIR MACHEN? (> TERMIN ANFRAGEN!) WIE VIELE AUFNAHMEN BRAUCHE ICH VON MIR UND IN WELCHER SITUATION? WIE VIEL ZEIT & GELD BIN ICH BEREIT, IN DIE AUFNAHMEN ZU INVESTIEREN?

_____

_____

_____

WAS BRAUCHE ICH SONST NOCH? WER KANN MIR DABEI HELFEN? WAS MUSS ICH TUN, UM ES ZU BEKOMMEN?

_____

_____

_____

Marketing Basics & Wissensaufbau DAMIAN **RICHTER**

ABENDS

DU KANNST ES DIR **NICHT LEISTEN**, NICHT *SICHTBAR* ZU SEIN!

CHECKLISTE

- ☐ Marketingwissen erweitert
- ☐ Klarheit geschaffen
- ☐ Ziele & Aufgaben erreicht
- ☐ Ergebnisse produziert
- ☐ Probleme gelöst
- ☐ auf Social Media gepostet
- ☐ wie ein Überflieger gehandelt
- ☐ mehr an Wert in das Leben anderer Menschen getragen

- ☐ auf mein Herz gehört
- ☐ Komfortzone verlassen
- ☐ einen Moment der Stille gegönnt
- ☐ mir gesagt, wie liebenswert und wertvoll ich bin
- ☐ jemandem eine Freude bereitet
- ☐ auf den Fluss des Lebens vertraut
- ☐ etwas Gutes, Nahrhaftes gegessen
- ☐ Sport gemacht

WARUM BIST DU EIN **GLÜCKSKIND?**

_____
_____
_____
_____
_____

WAS IST DIR HEUTE **GUT GELUNGEN?** WAS SIND DEINE HEUTIGEN **ERFOLGE?** WORAUF BIST DU **STOLZ?**

_____
_____
_____
_____
_____

WAS HAST DU HEUTE **NEUES GELERNT, VERBESSERT, ERKANNT, BEOBACHTET, TRANSFORMIERT** ODER **LOSGELASSEN?**

_____
_____
_____
_____
_____

WAS HAST DU HEUTE **GUTES FÜR DICH** GETAN UND WAS HAST DU HEUTE **GUTES FÜR ANDERE** GETAN?

_____
_____
_____
_____
_____

SONNTAG ____ . ____ .20

MORGENS

WAS IST DEIN **HEUTIGER TAGESFOKUS?**
Worauf musst Du Dich heute fokussieren, um die größtmögliche positive Veränderung in Bezug auf Dein Marketingwissen zu erreichen?

THE **ONE THING TO DO?**
Welche eine Sache musst Du heute unbedingt erledigen? Was ist die eine Aufgabe, welche Du erledigt haben MUSST, bevor Du Dir erlaubst, schlafen zu gehen? Erledige diesen To-Do-Punkt am besten sofort morgens (Eat the frog in the morning)!

WIEDERHOLE DEIN **WOCHENZIEL**

Wiederholung ist die Mutter der Meisterschaft! Schreibe deswegen jeden Tag Dein Wochenziel auf, bis Du es erreicht hast und sobald Du es erreicht hast, feierst Du Dich jeden Tag dafür und schreibst auf, was für ein gailer Macher / gaile Macherin Du bist!

____
____
____

WORAUF **FREUST** DU DICH HEUTE?

WOFÜR KANNST DU HEUTE **DANKBAR** SEIN?

WAS KANNST DU HEUTE DAFÜR **TUN**, UM DEINEM **WOCHENZIEL NÄHER** ZU KOMMEN?

CHECKLISTE **TAGESAUFGABEN**
☐ Wochenrückblick
☐ Zeit für mich
☐ Qualitativ hochwertige Zeit für Familie & Freunde
☐ ____
☐ ____
☐ ____

Marketing Basics & Wissensaufbau   DAMIAN **RICHTER**

TERMINE	**AUFGABEN**

TERMINE	AUFGABEN
06.00	06.00
07.00	07.00
08.00	08.00
08.30	08.30
09.00	09.00
09.30	09.30
10.00	10.00
10.30	10.30
11.00	11.00
11.30	11.30
12.00	12.00
12.30	12.30
13.00	13.00
13.30	13.30
14.00	14.00
14.30	14.30
15.00	15.00
15.30	15.30
16.00	16.00
16.30	16.30
17.00	17.00
17.30	17.30
18.00	18.00
19.00	19.00
20.00	20.00
21.00	21.00
22.00	22.00
22.00	22.00
23.00	23.00

MACH'S EINFACH, DENN DU BIST VIEL GRÖSSER ALS DU DENKST!

WOCHENRÜCKBLICK

HAST DU DEIN **WOCHENZIEL** ERREICHT? ☐ JA ☐ NEIN

Wenn „Ja" - GROSSARTIG! Wenn „Nein" reflektiere, warum Du Dein Ziel nicht erreicht hast. Hast Du Dich vom Alltag ablenken lassen? Hast Du Dich oft genug mit Deinem WARUM verbunden und ist es für Dich stark und groß genug? Was kannst Du nächste Woche anders machen, um Dein Ziel zu erreichen?

_____
_____
_____

WAS IST DEINE **WICHTIGSTE ERKENNTNIS** DIESE WOCHE?

_____
_____
_____
_____

WIE **FÜHLST** DU DICH BZW. WAS WAR DIESE WOCHE DEIN **PRIMÄRER GEFÜHLSZUSTAND** IN BEZUG AUF...?

☹ ☹ 😐 🙂 😊   ☹ ☹ 😐 🙂 😊   ☹ ☹ 😐 🙂 😊   ☹ ☹ 😐 🙂 😊

Deine Erfolge und Deine Ergebnisse?   Deine Energie und Deine klare Ausrichtung?   Deine privaten Beziehungen?   Deinen Selbstwert und Deine Selbstliebe?

WELCHE FRAGEN MUSST DU DIR STELLEN, UM DICH **NOCH BESSER** ZU FÜHLEN? WIE LEBST DU **KUNEV** KONKRET?

_____
_____
_____
_____

Marketing Basics & Wissensaufbau DAMIAN **RICHTER**

ABENDS

MENSCHEN KAUFEN VON
SIEGERN, NICHT VON *LOSERN!*

CHECKLISTE

- ☐ Marketingwissen erweitert
- ☐ Klarheit geschaffen
- ☐ Ziele & Aufgaben erreicht
- ☐ Ergebnisse produziert
- ☐ Probleme gelöst
- ☐ auf Social Media gepostet
- ☐ wie ein Überflieger gehandelt
- ☐ mehr an Wert in das Leben anderer Menschen getragen

- ☐ auf mein Herz gehört
- ☐ Komfortzone verlassen
- ☐ einen Moment der Stille gegönnt
- ☐ mir gesagt, wie liebenswert und wertvoll ich bin
- ☐ jemandem eine Freude bereitet
- ☐ auf den Fluss des Lebens vertraut
- ☐ etwas Gutes, Nahrhaftes gegessen
- ☐ Sport gemacht

WARUM BIST DU EIN **GLÜCKSKIND?**

_____
_____
_____
_____
_____
_____

WAS IST DIR HEUTE **GUT GELUNGEN?** WAS SIND DEINE HEUTIGEN **ERFOLGE?** WORAUF BIST DU **STOLZ?**

_____
_____
_____
_____
_____

WAS HAST DU HEUTE **NEUES GELERNT, VERBESSERT, ERKANNT, BEOBACHTET, TRANSFORMIERT** ODER **LOSGELASSEN?**

_____
_____
_____
_____
_____

WAS HAST DU HEUTE **GUTES FÜR DICH** GETAN UND WAS HAST DU HEUTE **GUTES FÜR ANDERE** GETAN?

_____
_____
_____
_____
_____

RAUM FÜR NOTIZEN

DAMIAN **RICHTER**

RAUM FÜR NOTIZEN

DAMIAN **RICHTER**

{ 2. WOCHE SICHTBARKEIT IN DEN SOZIALEN MEDIEN }

Schau Dir jetzt das **BONUS-VIDEO** zur Vertiefung und Erweiterung Deines **Marketingwissens** an!

https://damian-richter.com/marketing-erfolgs-manager/marketing-basics

WAS DICH DIESE WOCHE ERWARTET...

Die ersten sieben Tage sind geschafft - HERZLICHEN GLÜCKWUNSCH!! Voller Fokus und Energie widmen wir uns nun dem nächsten Bereich: Deiner Sichtbarkeit in den sozialen Medien! Wenn Du wirklich etwas Großartiges erschaffen willst, dann reicht es für Dich nicht mehr einfach nur „gut" zu sein. Denn wer heute „gut" ist, fällt nicht auf. Und wer nicht auffällt, fällt weg. Das Ergebnis sind fehlende Verkäufe, keine harmonierende Community und irgendwann das Aus Deiner Business-Idee.

Damit Du besser bist, als alle anderen ist es Deine Aufgabe, herausragend zu sein und wie ein Adler in die Lüfte zu steigen und zu fliegen. Wer herausragt, der wird gesehen - und zwar von allen, die sich nicht trauen sich zu erheben. Stattdessen schnattern diese Personen über den sichtbaren Adler am Himmel wie die Hühner. Die Frage, die Du Dir nun vor Beginn der zweiten Woche stellen solltest, lautet also: Wer will ich sein? Adler oder Hühnchen?

Ich bin mir ziemlich sicher, dass Deine Antwort mit „A" beginnt und mit „dler" aufhört - geh daher ab heute also bewusst in Deine Sichtbarkeit - ganz egal, ob auf Facebook, in Facebook-Live-Sessions, Instagram-Stories, Instagram-TV-Shows oder anderen Formaten - Deine Präsenz zählt! Überwinde bei allem, was Du tust die Angst vor Ablehnung und fang an, denn besser werden kannst Du!

Ich wünsche Dir viel Spaß und Freude beim Umsetzen und Tun - und freue mich darauf, Dich in Deinen Postings und Beiträgen in den kommenden Tagen zu beobachten! Verlinke mich gerne mit @damianlifecoach bei Instagram und Facebook, damit ich Deine Inhalte auch sehen kann!

Was war diese Woche **Dein größter Erfolg? Teile jetzt** Deine Erkenntnisse unter meinem aktuellen **Beitrag auf Instagram!**

@DAMIANLIFECOACH

FOKUS DER WOCHE Sichtbarkeit in Social Media

Plane Deine Woche im Voraus. Blocke Dir jetzt bewusst Zeiten, für **Maßnahmen** um **Deine Sichtbarkeit** auf **Social Media zu erhöhen** und bspw. Beiträge vorzubereiten!

Plane darüber hinaus Zeiten ein, wo Du Dein Marketingwissen weiter ausbaust.

Denke auch schon jetzt an erste wichtige Termine sowie Zeit für Dich und Deine Familie.

MO	DI	MI
06	06	06
07	07	07
08	08	08
09	09	09
10	10	10
11	11	11
12	12	12
13	13	13
14	14	14
15	15	15
16	16	16
17	17	17
18	18	18
19	19	19
20	20	20
21	21	21
22	22	22
22	22	22
23	23	23

WOCHENZIEL

Welches Ziel wirst Du Ende dieser Woche in Bezug auf Deine Sichtbarkeit in den Sozialen Medien erreicht haben?
(Beachte dabei die zehn goldenen Regeln richtiger Zielformulierung! a. S. 21)

___

___

___

___

___

WELCHES WISSEN BRAUCHE ICH IM BEREICH SOCIAL MEDIA, UM **NOCH SICHTBARER** ZU WERDEN? WAS MUSS ICH DAFÜR NEUES LERNEN & TUN?

___

___

___

___

___

WELCHE **NEUEN GEWOHNHEITEN** & **STANDARDS** MUSS ICH ETABLIEREN, UM DAUERHAFT SICHTBARER ZU WERDEN?

___

___

___

___

___

2. WOCHE

DAMIAN **RICHTER**

DO	**FR**	**SA**	**SO**
06 ___	06 ___	06 ___	06 ___
07 ___	07 ___	07 ___	07 ___
08 ___	08 ___	08 ___	08 ___
09 ___	09 ___	09 ___	09 ___
10 ___	10 ___	10 ___	10 ___
11 ___	11 ___	11 ___	11 ___
12 ___	12 ___	12 ___	12 ___
13 ___	13 ___	13 ___	13 ___
14 ___	14 ___	14 ___	14 ___
15 ___	15 ___	15 ___	15 ___
16 ___	16 ___	16 ___	16 ___
17 ___	17 ___	17 ___	17 ___
18 ___	18 ___	18 ___	18 ___
19 ___	19 ___	19 ___	19 ___
20 ___	20 ___	20 ___	20 ___
21 ___	21 ___	21 ___	21 ___
22 ___	22 ___	22 ___	22 ___
22 ___	22 ___	22 ___	22 ___
23 ___	23 ___	23 ___	23 ___

WARUM IST ES **WICHTIG**, DASS ICH MICH MIT DEN SOZIALEN MEDIEN UND MEINER SICHTBARKEIT AUSEINANDERSETZE?

_____
_____
_____
_____
_____
_____

WIE WERDE ICH DIESE WOCHE IN DIE **UMSETZUNG** KOMMEN UND **WIE** EIGNE ICH MIR DIESES NEUE WISSEN AN?

_____
_____
_____
_____
_____
_____

MONTAG   .   .20

MORGENS

WAS IST DEIN **HEUTIGER TAGESFOKUS?**
Worauf musst Du dich heute fokussieren um die größtmögliche Veränderung in Bezug auf Deine Sichtbarkeit in den Sozialen Medien zu erreichen?

THE **ONE THING TO DO?**
Welche eine Sache musst Du heute unbedingt erledigen? Was ist die eine Aufgabe, welche Du erledigt haben MUSST, bevor Du Dir erlaubst, schlafen zu gehen? Erledige diesen to Do Punkt am besten sofort morgens (Eat the frog in the morning)!

WIEDERHOLE DEIN **WOCHENZIEL**
Wiederholung ist die Mutter der Meisterschaft! Schreibe deswegen jeden Tag Dein Wochenziel auf, bis Du es erreicht hast und sobald Du es erreicht hast, feierst Du Dich jeden Tag dafür und schreibst auf, was für ein gailer Macher / gaile Macherin Du bist!

_____
_____
_____

WORAUF **FREUST** DU DICH HEUTE?

WOFÜR KANNST DU HEUTE **DANKBAR** SEIN?

WAS KANNST DU HEUTE DAFÜR **TUN**, UM DEINEM **WOCHENZIEL NÄHER** ZU KOMMEN?

CHECKLISTE **TAGESAUFGABEN**
☐ Aufgaben zum authentischen Selbst ausfüllen
☐ _____
☐ _____
☐ _____
☐ _____
☐ _____

Sichtbarkeit auf Social Media

DAMIAN **RICHTER**

TERMINE

AUFGABEN

TERMINE	AUFGABEN
06.00	06.00
07.00	07.00
08.00	08.00
08.30	08.30
09.00	09.00
09.30	09.30
10.00	10.00
10.30	10.30
11.00	11.00
11.30	11.30
12.00	12.00
12.30	12.30
13.00	13.00
13.30	13.30
14.00	14.00
14.30	14.30
15.00	15.00
15.30	15.30
16.00	16.00
16.30	16.30
17.00	17.00
17.30	17.30
18.00	18.00
19.00	19.00
20.00	20.00
21.00	21.00
22.00	22.00
22.00	22.00
23.00	23.00

MACH'S EINFACH, DENN DU BIST VIEL GRÖSSER ALS DU DENKST!

DEIN AUTHENTISCHES SELBST

Starten wir nun voller Energie in die zweite Woche mit dem Fokus: Sichtbarkeit in den Social Media. Letzte Woche hast Du mit den Übungen und Recherchen zu Deiner Zielgruppe und Deiner Positionierung bereits eine sehr gute Basis geschaffen, auf der wir nun direkt weiter aufbauen werden.

An dieser Stelle möchte ich Dir gerne ein Geheimnis verraten. Spitz also Deine Ohren! Die meisten Menschen neigen dazu ihre vermeintlichen Niederlagen, Fehlentscheidungen oder ihre verletzliche Seite geheim zu halten. Das ist NICHT wirklich clever! Denke mal darüber nach! Woraus lernt man am meisten? Aus Fehlern - wahr oder wahr? Wann kann Dich jemand mit einem Thema verletzen oder Dich mit einem Geheimnis unter Druck setzen? Wenn die ganze Welt eh schon davon weiß oder wenn Du ein riesiges Geheimnis darum machst?

Authentizität ist der Schlüssel zu den Herzen anderer Menschen. Und Du willst doch die Herzen Deiner Interessenten gewinnen und sie zu echten Fans machen - wahr oder wahr? Beantworte zunächst die folgenden Fragen:

WAS BEDEUTET ES FÜR DICH, AUTHENTISCH ZU SEIN?

_____

_____

WAS MACHT ES MIT DIR, WENN JEMAND AUF DICH AUTHENTISCH WIRKT?

_____

_____

WELCHE GESCHICHTE AUS DEINEM LEBEN ODER WELCHES GEHEIMNIS IST ES AN DER ZEIT ZU ERZÄHLEN?

▶ Nimm ein Video mit dieser Geschichte oder diesem Geheimnis auf und poste es auf Instagram oder Facebook. Berichte auch von Deiner Erkenntnis und wie Du mit der Situation umgegangen bist. Beende das Video mit einem konkreten Tipp für Menschen, die sich gerade in einer ähnlichen Situation befinden. Du kannst mich dabei auch gerne im Beitrag markieren (@damianlifecoach).

_____

_____

_____

CHALLENGE - AUTHENTISCHES SELBST

Wir Menschen **lieben** authentische Menschen, fühlen uns auf magische Art von ihnen angezogen und tragen dennoch so oft selbst eine Maske. Einige setzen diese auch viel zu oft bei Menschen auf, die sie von ganzem Herzen lieben: bei ihrem Partner/in, bei ihren Kindern, Freunden und lieben Kollegen.

Ich lade Dich dazu ein, diese Woche an einer **Challenge für Dein „authentisches Selbst"** teilzunehmen! Jedes Mal, wenn Du in den **nächsten 7 Tagen** das Gefühl hast, Dich zwischen einer Maske oder Deinem authentischen Selbst entscheiden zu müssen, entscheidest Du Dich für Dein authentisches Selbst, gehst durch die Barriere der Angst und sprichst aus **Deinem Herzen.**

Sei es **Dir selbst wert,** Dich auf diese Challenge einzulassen und beobachte welche positiven Veränderungen Du in Dir und Deinem Umfeld wahrnimmst.

Sichtbarkeit auf Social Media   DAMIAN **RICHTER**

ABENDS

- [ ] **CHALLENGE**
  AUTHENTISCHES SELBST ERFÜLLT

- [ ] **INSTAGRAM** - MIND. DREI STORYS & EIN BEITRAG ODER IG-TV GEPOSTET

- [ ] **FACEBOOK**
  EIN BEITRAG VERÖFFENTLICHT

CHECKLISTE

- [ ] Marketingwissen erweitert
- [ ] Klarheit geschaffen
- [ ] Ziele & Aufgaben erreicht
- [ ] Ergebnisse produziert
- [ ] Probleme gelöst
- [ ] meinem Wochenziel näher gekommen
- [ ] wie ein Überflieger gehandelt
- [ ] mehr an Wert in das Leben anderer Menschen getragen

- [ ] auf mein Herz gehört
- [ ] Komfortzone verlassen
- [ ] einen Moment der Stille gegönnt
- [ ] mir gesagt, wie liebenswert und wertvoll ich bin
- [ ] jemandem eine Freude bereitet
- [ ] auf den Fluss des Lebens vertraut
- [ ] etwas Gutes, Nahrhaftes gegessen
- [ ] Sport gemacht

WARUM BIST DU EIN **GLÜCKSKIND?**

_____
_____
_____
_____
_____

WAS IST DIR HEUTE **GUT GELUNGEN?** WAS SIND DEINE HEUTIGEN **ERFOLGE?** WORAUF BIST DU **STOLZ?**

_____
_____
_____
_____
_____

WAS HAST DU HEUTE **NEUES GELERNT, VERBESSERT, ERKANNT, BEOBACHTET, TRANSFORMIERT ODER LOSGELASSEN?**

_____
_____
_____
_____
_____

WAS HAST DU HEUTE **GUTES FÜR DICH** GETAN UND WAS HAST DU HEUTE **GUTES FÜR ANDERE** GETAN?

_____
_____
_____
_____
_____

DIENSTAG   .   .20

MORGENS

WAS IST DEIN **HEUTIGER TAGESFOKUS?**
Worauf musst Du dich heute fokussieren um die größtmögliche Veränderung in Bezug auf Deine Sichtbarkeit in den Sozialen Medien zu erreichen?

THE **ONE THING TO DO?**
Welche eine Sache musst Du heute unbedingt erledigen? Was ist die eine Aufgabe, welche Du erledigt haben MUSST, bevor Du Dir erlaubst, schlafen zu gehen? Erledige diesen to Do Punkt am besten sofort morgens (Eat the frog in the morning)!

WIEDERHOLE DEIN **WOCHENZIEL**

Wiederholung ist die Mutter der Meisterschaft! Schreibe deswegen jeden Tag Dein Wochenziel auf, bis Du es erreicht hast und sobald Du es erreicht hast, feierst Du Dich jeden Tag dafür und schreibst auf, was für ein gailer Macher / gaile Macherin Du bist!

_____
_____
_____

WORAUF **FREUST** DU DICH HEUTE?

WOFÜR KANNST DU HEUTE **DANKBAR** SEIN?

WAS KANNST DU HEUTE DAFÜR **TUN**, UM DEINEM **WOCHENZIEL NÄHER** ZU KOMMEN?

CHECKLISTE **TAGESAUFGABEN**

- ☐ Intensive Auseinandersetzung mit Instagram
- ☐ ein IG-TV veröffentlichen
- ☐ mind. 3 Storys mit verschiedenen Stickern
- ☐ _____
- ☐ _____
- ☐ _____

Sichtbarkeit auf Social Media   DAMIAN **RICHTER**

TERMINE	**AUFGABEN**
06.00	06.00
07.00	07.00
08.00	08.00
08.30	08.30
09.00	09.00
09.30	09.30
10.00	10.00
10.30	10.30
11.00	11.00
11.30	11.30
12.00	12.00
12.30	12.30
13.00	13.00
13.30	13.30
14.00	14.00
14.30	14.30
15.00	15.00
15.30	15.30
16.00	16.00
16.30	16.30
17.00	17.00
17.30	17.30
18.00	18.00
19.00	19.00
20.00	20.00
21.00	21.00
22.00	22.00
22.00	22.00
23.00	23.00

MACH´S EINFACH, DENN **DU** BIST VIEL *GRÖSSER* ALS DU **DENKST!**

INSTAGRAM

Mein Team und ich beobachten aktuell, dass Instagram das aktivste soziale Netzwerk ist. Aus diesem Grund ist Instagram auch das erste soziale Netzwerk, welches Du genauer untersuchen solltest. Und da „learning by doing" die nachhaltigste Art und Weise des Lernens ist und ich möchte, dass Du langfristig erfolgreich bist, gebe ich Dir lediglich ein paar clevere Fragen für Instagram an die Hand, sozusagen als sichere (Lern-) Leitplanken.

Probiere Dich aus, klick Dich rum und schaue Dir auch Videos (zum Beispiel auf YouTube) an, wo Schritt für Schritt erklärt wird, wie es geht. Notiere Dir Deine Erkenntnisse. Nutze dazu auch gerne die leeren Notizseiten am Ende des Journals.

DEIN INSTAGRAM PROFIL

WELCHE BESTANDTEILE HAT EIN INSTAGRAM PROFIL? WAS SCHREIBST DU IN DEINE BIO? WAS SCHREIBEN ERFOLGREICHE INSTAGRAMER IN IHRE BIO? BIST DU GUT AUF DEINEM PROFILBILD ZU ERKENNEN UND STELLT ES DICH SO DAR, WIE DU WAHRGENOMMEN WERDEN MÖCHTEST? WIE LAUTET DEIN INSTAGRAM NAME? WIE LAUTET DEIN INSTAGRAM LINK (URL)?

_____
_____
_____
_____
_____
_____
_____
_____
_____
_____
_____
_____
_____
_____
_____
_____
_____
_____
_____
_____

Sichtbarkeit auf Social Media DAMIAN **RICHTER**

INSTAGRAM STORYS

WAS SIND STORYS? WO KANN ICH STORYS ERSTELLEN? WO FINDE ICH MEINE STORYS UND DIE STORYS MEINER FREUNDE? WIE LANGE SIND STORYS ONLINE? WELCHE MÖGLICHKEITEN DER BEARBEITUNG VON STORYS HABE ICH? WIE NUTZE ICH FILTER? WELCHE STICKER GIBT ES UND WIE KANN ICH DIESE VERWENDEN?

DEIN FEED, BEITRÄGE & HIGHLIGHTS

WO FINDE ICH MEIN INSTAGRAM FEED? WAS SIND BEITRÄGE? WIE IST EIN GUTER BEITRAG AUFGEBAUT? WIE VERWENDE ICH #HASHTAGS? WIE REGELMÄSSIG MÖCHTE ICH BEITRÄGE POSTEN? WAS SIND STORY HIGHLIGHTS? WIE ERSTELLE ICH HIGHLIGHTS?

MACH´S EINFACH, DENN DU BIST VIEL GRÖSSER ALS DU DENKST!

IG-TV

WAS IST IG-TV? WIE LANGE KÖNNEN DIE VIDEOS SEIN UND WELCHE VORAUSSETZUNG GIBT ES, DAMIT DIESE IN MEINEM FEED ANGEZEIGT WERDEN? WIE KANN ICH EIN VIDEO AUF IG-TV HOCHLADEN? WIE UND WANN KANN ICH DAS VIDEO BEARBEITEN? WIE KANN ICH DAS VORSCHAUBILD ÄNDERN? WAS MACHT EINEN INTERESSANTEN TITEL AUS? WAS SCHREIBE ICH WIE IN DIE BESCHREIBUNG? VERWENDE ICH #HASHTAGS?

Sichtbarkeit auf Social Media   DAMIAN **RICHTER**

ABENDS

- [ ] **CHALLENGE**
  AUTHENTISCHES SELBST ERFÜLLT

- [ ] **INSTAGRAM** - MIND. DREI STORYS & EIN BEITRAG ODER IG-TV GEPOSTET

- [ ] **FACEBOOK**
  EIN BEITRAG VERÖFFENTLICHT

CHECKLISTE

- [ ] Marketingwissen erweitert
- [ ] Klarheit geschaffen
- [ ] Ziele & Aufgaben erreicht
- [ ] Ergebnisse produziert
- [ ] Probleme gelöst
- [ ] meinem Wochenziel näher gekommen
- [ ] wie ein Überflieger gehandelt
- [ ] mehr an Wert in das Leben anderer Menschen getragen

- [ ] auf mein Herz gehört
- [ ] Komfortzone verlassen
- [ ] einen Moment der Stille gegönnt
- [ ] mir gesagt, wie liebenswert und wertvoll ich bin
- [ ] jemandem eine Freude bereitet
- [ ] auf den Fluss des Lebens vertraut
- [ ] etwas Gutes, Nahrhaftes gegessen
- [ ] Sport gemacht

WARUM BIST DU EIN **GLÜCKSKIND?**

_____
_____
_____
_____
_____
_____

WAS IST DIR HEUTE **GUT GELUNGEN?** WAS SIND DEINE HEUTIGEN **ERFOLGE?** WORAUF BIST DU **STOLZ?**

_____
_____
_____
_____
_____

WAS HAST DU HEUTE **NEUES GELERNT, VERBESSERT, ERKANNT, BEOBACHTET, TRANSFORMIERT** ODER **LOSGELASSEN?**

_____
_____
_____
_____
_____

WAS HAST DU HEUTE **GUTES FÜR DICH** GETAN UND WAS HAST DU HEUTE **GUTES FÜR ANDERE** GETAN?

_____
_____
_____
_____
_____

MITTWOCH   .   .20

MORGENS

WAS IST DEIN **HEUTIGER TAGESFOKUS?**
Worauf musst Du dich heute fokussieren um die größtmögliche Veränderung in Bezug auf Deine Sichtbarkeit in den Sozialen Medien zu erreichen?

_____

THE **ONE THING TO DO?**
Welche eine Sache musst Du heute unbedingt erledigen? Was ist die eine Aufgabe, welche Du erledigt haben MUSST, bevor Du Dir erlaubst, schlafen zu gehen? Erledige diesen to Do Punkt am besten sofort morgens (Eat the frog in the morning)!

_____

WIEDERHOLE DEIN **WOCHENZIEL**

Wiederholung ist die Mutter der Meisterschaft! Schreibe deswegen jeden Tag Dein Wochenziel auf, bis Du es erreicht hast und sobald Du es erreicht hast, feierst Du Dich jeden Tag dafür und schreibst auf, was für ein gailer Macher / gaile Macherin Du bist!

_____
_____
_____

WORAUF **FREUST** DU DICH HEUTE?

_____
_____
_____
_____
_____

WOFÜR KANNST DU HEUTE **DANKBAR** SEIN?

_____
_____
_____
_____
_____

WAS KANNST DU HEUTE DAFÜR **TUN**, UM DEINEM **WOCHENZIEL NÄHER** ZU KOMMEN?

_____
_____
_____
_____

CHECKLISTE **TAGESAUFGABEN**

- ☐ Intensive Auseinandersetzung mit Facebook
- ☐ mind. einen Beitrag erstellen
- ☐ mind. einen wertvollen Beitrag (gern auch Video) in eine für Deine Zielgruppe relevante Gruppe posten
- ☐ _____
- ☐ _____

Sichtbarkeit auf Social Media   DAMIAN **RICHTER**

TERMINE	**AUFGABEN**

06.00	06.00
07.00	07.00
08.00	08.00
08.30	08.30
09.00	09.00
09.30	09.30
10.00	10.00
10.30	10.30
11.00	11.00
11.30	11.30
12.00	12.00
12.30	12.30
13.00	13.00
13.30	13.30
14.00	14.00
14.30	14.30
15.00	15.00
15.30	15.30
16.00	16.00
16.30	16.30
17.00	17.00
17.30	17.30
18.00	18.00
19.00	19.00
20.00	20.00
21.00	21.00
22.00	22.00
22.00	22.00
23.00	23.00

MACH'S EINFACH, DENN DU BIST VIEL GRÖSSER ALS DU DENKST!

FACEBOOK

Facebook ist das soziale Netzwerk mit den weltweit **meisten Nutzern** und aus der Online-Welt nicht mehr wegzudenken. Es ist besonders gut geeignet, um eine **Community aufzubauen** und wenn Du sichtbar werden möchtest, kommst Du an diesem Online-Riesen schlichtweg nicht vorbei. Damit Du gezielter an Deine Recherchen ran gehen kannst, stelle ich Dir wieder Leitplanken in Form von Fragen zur Verfügung.

DEIN „PRIVATES" PROFIL
WOZU NUTZE ICH EIN PRIVATES PROFIL IN HINBLICK AUF MEIN BUSINESS? WIE OFT UND ÜBER WAS POSTE ICH? WELCHE GRÖSSEN HABEN PROFILBILD, TITELBILD UND BEITRAGSBILDER?

_____
_____
_____
_____
_____
_____
_____
_____
_____
_____
_____
_____
_____
_____
_____
_____
_____
_____
_____
_____
_____
_____
_____
_____
_____

FACEBOOK - FANPAGE & GRUPPEN

WIE ERSTELLE ICH EINE FANPAGE? WELCHEN ZWECK UND WELCHE VORTEILE HAT EINE FANPAGE? WIE ERSTELLE ICH EINE GRUPPE? WAS WÄRE DER ZWECK MEINER GRUPPE? WIE SCHAFFE ICH ES EINE AKTIVE COMMUNITY AUFZUBAUEN? WELCHE ANDEREN GRUPPEN KÖNNTEN FÜR MEINE ZIELGRUPPE NOCH INTERESSANT SEIN UND WARUM? WIE KANN ICH DIE MITGLIEDER DIESER GRUPPEN AUCH ZU FANS VON MIR MACHEN?

MACH'S EINFACH, DENN DU BIST VIEL GRÖSSER ALS DU DENKST!

BUSINESS MANAGER, ANZEIGEN UND KAMPAGNEN

WO FINDE ICH DEN BUSINESS MANAGER? WELCHE EINSTELLUNGSMÖGLICHKEITEN GIBT ES? WAS SIND KAMPAGNEN UND WAS SIND ANZEIGEN? WIE ERSTELLE ICH RICHTIG GAILE WERBEANZEIGEN UND WORAUF MUSS ICH DABEI ACHTEN? WO UND WIE STELLE ICH MEINE ZIELGRUPPE EIN? WAS SIND LOOKALIKE UND CUSTOM AUDIENCE? WIE BESTIMME ICH MEIN BUDGET?

▶ **TIPP:** Möglicherweise ist Dir aufgefallen, das Du für die eine oder andere Frage in Bezug auf Instagram und Facebook recht lange recherchieren musstest. Weil die Möglichkeiten (aber auch die Chancen) auf den Plattformen sehr umfangreich sind, gibt es dazu im Damian Richter Universum zwei komplette Workshops!

In der SOCIAL MEDIA MARKETING MASTERCLASS 1 lernst Du in zwei intensiven Tagen alle Grundlagen von Facebook und Instagram. Im Aufbaukurs SOCIAL MEDIA MARKETING MASTERCLASS 2 gehen wir mit Dir alle Möglichkeiten der Optimierung von Anzeigen und Kampagnen durch und beschäftigen uns während der drei Tage auch intensiv mit dem Business Manager! Und wie Du weißt ist es immer besonders clever, von Menschen zu lernen, die bereits da sind ‚wo Du hin möchtest.

Wenn Du also noch nicht dabei sein solltest und gemerkt hast, dass es noch einige Wissenslücken gibt, solltest Du Dich unbedingt anmelden. Denn dann geht es schnell voran!

Sichtbarkeit auf Social Media   DAMIAN **RICHTER**

ABENDS

- [ ] **CHALLENGE**
  AUTHENTISCHES SELBST ERFÜLLT

- [ ] **INSTAGRAM** - MIND. DREI STORYS & EIN BEITRAG ODER IG-TV GEPOSTET

- [ ] **FACEBOOK**
  EIN BEITRAG VERÖFFENTLICHT

CHECKLISTE

- [ ] Marketingwissen erweitert
- [ ] Klarheit geschaffen
- [ ] Ziele & Aufgaben erreicht
- [ ] Ergebnisse produziert
- [ ] Probleme gelöst
- [ ] meinem Wochenziel näher gekommen
- [ ] wie ein Überflieger gehandelt
- [ ] mehr an Wert in das Leben anderer Menschen getragen

- [ ] auf mein Herz gehört
- [ ] Komfortzone verlassen
- [ ] einen Moment der Stille gegönnt
- [ ] mir gesagt, wie liebenswert und wertvoll ich bin
- [ ] jemandem eine Freude bereitet
- [ ] auf den Fluss des Lebens vertraut
- [ ] etwas Gutes, Nahrhaftes gegessen
- [ ] Sport gemacht

WARUM BIST DU EIN **GLÜCKSKIND?**

_____
_____
_____
_____
_____

WAS IST DIR HEUTE **GUT GELUNGEN?** WAS SIND DEINE HEUTIGEN **ERFOLGE?** WORAUF BIST DU **STOLZ?**

_____
_____
_____
_____
_____

WAS HAST DU HEUTE **NEUES GELERNT, VERBESSERT, ERKANNT, BEOBACHTET, TRANSFORMIERT** ODER **LOSGELASSEN?**

_____
_____
_____
_____
_____

WAS HAST DU HEUTE **GUTES FÜR DICH** GETAN UND WAS HAST DU HEUTE **GUTES FÜR ANDERE** GETAN?

_____
_____
_____
_____
_____

DONNERSTAG   .   .20

MORGENS

WAS IST DEIN **HEUTIGER TAGESFOKUS?**
Worauf musst Du dich heute fokussieren um die größtmögliche Veränderung in Bezug auf Deine Sichtbarkeit in den Sozialen Medien zu erreichen?

_____

THE **ONE THING TO DO?**
Welche eine Sache musst Du heute unbedingt erledigen? Was ist die eine Aufgabe, welche Du erledigt haben MUSST, bevor Du Dir erlaubst, schlafen zu gehen? Erledige diesen to Do Punkt am besten sofort morgens (Eat the frog in the morning)!

_____

WIEDERHOLE DEIN **WOCHENZIEL**

Wiederholung ist die Mutter der Meisterschaft! Schreibe deswegen jeden Tag Dein Wochenziel auf, bis Du es erreicht hast und sobald Du es erreicht hast, feierst Du Dich jeden Tag dafür und schreibst auf, was für ein gailer Macher / gaile Macherin Du bist!

_____
_____
_____

WORAUF **FREUST** DU DICH HEUTE?
_____
_____
_____
_____
_____

WOFÜR KANNST DU HEUTE **DANKBAR** SEIN?
_____
_____
_____
_____
_____

WAS KANNST DU HEUTE DAFÜR **TUN**, UM DEINEM **WOCHENZIEL NÄHER** ZU KOMMEN?
_____
_____
_____
_____

CHECKLISTE **TAGESAUFGABEN**
☐ ENTSCHEIDE DICH: Wirst Du einen YouTube Kanal mit regelmäßigen Videos für Dein Marketing nutzen? Wenn Ja, ab wann?
Datum:_____

☐ _____

☐ _____

☐ _____

Sichtbarkeit auf Social Media   DAMIAN **RICHTER**

TERMINE	**AUFGABEN**
06.00	06.00
07.00	07.00
08.00	08.00
08.30	08.30
09.00	09.00
09.30	09.30
10.00	10.00
10.30	10.30
11.00	11.00
11.30	11.30
12.00	12.00
12.30	12.30
13.00	13.00
13.30	13.30
14.00	14.00
14.30	14.30
15.00	15.00
15.30	15.30
16.00	16.00
16.30	16.30
17.00	17.00
17.30	17.30
18.00	18.00
19.00	19.00
20.00	20.00
21.00	21.00
22.00	22.00
22.00	22.00
23.00	23.00

MACH´S EINFACH, DENN DU BIST VIEL GRÖSSER ALS DU DENKST!

YOUTUBE

YouTube ist die zweitgrößte Suchmaschine auf diesem Planeten. Das heißt, die meisten Menschen, die ein Problem haben, suchen direkt auf YouTube nach einer Lösung oder nach Inspirationen. Wenn auch Du von dieser gigantischen Suchmaschine profitieren möchtest und Du gerne Videos produzierst und schneidest (oder zumindest bereit bist es zu lernen), wird YouTube definitiv einer Deiner Lieblingsplattformen!

ALLGEMEINES

WIE LADE ICH BEI YOUTUBE VIDEOS HOCH? WELCHE EINSTELLUNGSMÖGLICHKEITEN HABE ICH DABEI? WIE IST EIN YOUTUBE KANAL AUFGEBAUT? WORAUF MUSS ICH ACHTEN, UM AUF YOUTUBE GEFUNDEN ZU WERDEN? WELCHE TAGS SIND SINNVOLL? WIE IST EIN GUTES THUMBNAIL AUFGEBAUT? WAS KOMMT IN DIE INFOBESCHREIBUNG? WIE WERBE ICH AUF YOUTUBE?

_____
_____
_____
_____
_____
_____
_____
_____
_____
_____
_____
_____
_____
_____
_____
_____
_____
_____
_____
_____
_____
_____
_____
_____
_____

AUFBAU VON VIDEOS

WIE IST EIN GUTES VIDEO AUFGEBAUT? WORAUF MUSS ICH BEIM VIDEODREH ACHTEN? WIE FINDE ICH SPANNENDE THEMEN? WORÜBER MÖCHTE ICH SPRECHEN? WIE KÖNNTE MEINE BEGRÜSSUNG ODER INTRO AUSSEHEN? WIE KÖNNTE MEIN ABSPANN / OUTRO AUFGEBAUT SEIN?

MACH'S EINFACH, DENN DU BIST VIEL GRÖSSER ALS DU DENKST!

TECHNIK UND FÄHIGKEITEN

WIE SCHNEIDE ICH MEINE VIDEOS? WIE BEARBEITE ICH MEINE VIDEOS? WELCHES PROGRAMM BENÖTIGE ICH DAZU? WO KANN ICH DAS LERNEN? WER KANN MIR DABEI HELFEN? WELCHE KAMERA & MIKROFON MÖCHTE ICH VERWENDEN? WELCHE KAMERA & MIKROFON VERWENDEN ANDERE YOUTUBER? WELCHE EINSTELLUNGEN MUSS ICH BEI DER KAMERA UND DEM MIKROFON FÜR DIE AUFNAHMEN WÄHLEN?

Sichtbarkeit auf Social Media　　　　　　　　　　　　　　　　　DAMIAN **RICHTER**

ABENDS

- ☐ **CHALLENGE**
  AUTHENTISCHES SELBST ERFÜLLT

- ☐ **INSTAGRAM** - MIND. DREI STORYS & EIN BEITRAG ODER IG-TV GEPOSTET

- ☐ **FACEBOOK**
  EIN BEITRAG VERÖFFENTLICHT

CHECKLISTE

- ☐ Marketingwissen erweitert
- ☐ Klarheit geschaffen
- ☐ Ziele & Aufgaben erreicht
- ☐ Ergebnisse produziert
- ☐ Probleme gelöst
- ☐ meinem Wochenziel näher gekommen
- ☐ wie ein Überflieger gehandelt
- ☐ mehr an Wert in das Leben anderer Menschen getragen

- ☐ auf mein Herz gehört
- ☐ Komfortzone verlassen
- ☐ einen Moment der Stille gegönnt
- ☐ mir gesagt, wie liebenswert und wertvoll ich bin
- ☐ jemandem eine Freude bereitet
- ☐ auf den Fluss des Lebens vertraut
- ☐ etwas Gutes, Nahrhaftes gegessen
- ☐ Sport gemacht

WARUM BIST DU EIN **GLÜCKSKIND?**

_____
_____
_____
_____
_____
_____

WAS IST DIR HEUTE **GUT GELUNGEN?** WAS SIND DEINE HEUTIGEN **ERFOLGE?** WORAUF BIST DU **STOLZ?**

_____
_____
_____
_____
_____

WAS HAST DU HEUTE **NEUES GELERNT, VERBESSERT, ERKANNT, BEOBACHTET, TRANSFORMIERT** ODER **LOSGELASSEN?**

_____
_____
_____
_____
_____

WAS HAST DU HEUTE **GUTES FÜR DICH** GETAN UND WAS HAST DU HEUTE **GUTES FÜR ANDERE** GETAN?

_____
_____
_____
_____
_____

FREITAG   .   .20

MORGENS

WAS IST DEIN HEUTIGER TAGESFOKUS?
Worauf musst Du dich heute fokussieren um die größtmögliche Veränderung in Bezug auf Deine Sichtbarkeit in den Sozialen Medien zu erreichen?

THE ONE THING TO DO?
Welche eine Sache musst Du heute unbedingt erledigen? Was ist die eine Aufgabe, welche Du erledigt haben MUSST, bevor Du Dir erlaubst, schlafen zu gehen? Erledige diesen to Do Punkt am besten sofort morgens (Eat the frog in the morning)!

WIEDERHOLE DEIN WOCHENZIEL
Wiederholung ist die Mutter der Meisterschaft! Schreibe deswegen jeden Tag Dein Wochenziel auf, bis Du es erreicht hast und sobald Du es erreicht hast, feierst Du Dich jeden Tag dafür und schreibst auf, was für ein gailer Macher / gaile Macherin Du bist!

___

WORAUF FREUST DU DICH HEUTE?

WOFÜR KANNST DU HEUTE DANKBAR SEIN?

WAS KANNST DU HEUTE DAFÜR TUN, UM DEINEM WOCHENZIEL NÄHER ZU KOMMEN?

CHECKLISTE TAGESAUFGABEN
- [ ] ENTSCHEIDE DICH: Wirst Du einen eigenen Podcast für Dein Marketing nutzen? Wenn Ja, ab wann? Datum: ___
- [ ] ___
- [ ] ___
- [ ] ___
- [ ] ___

Sichtbarkeit auf Social Media DAMIAN **RICHTER**

TERMINE	**AUFGABEN**
06.00	06.00
07.00	07.00
08.00	08.00
08.30	08.30
09.00	09.00
09.30	09.30
10.00	10.00
10.30	10.30
11.00	11.00
11.30	11.30
12.00	12.00
12.30	12.30
13.00	13.00
13.30	13.30
14.00	14.00
14.30	14.30
15.00	15.00
15.30	15.30
16.00	16.00
16.30	16.30
17.00	17.00
17.30	17.30
18.00	18.00
19.00	19.00
20.00	20.00
21.00	21.00
22.00	22.00
22.00	22.00
23.00	23.00

MACH´S EINFACH, DENN DU BIST VIEL GRÖSSER ALS DU DENKST!

PODCAST

Stell Dir vor, jemand kommt ganz nah an Dich heran und flüstert Dir etwas in Dein Ohr. Das ist ein ganz schön vertrauensvoller, um nicht zu sagen intimer Prozess - wahr oder wahr? Und stell Dir weiter vor, dass Dir jemand eine halbe Stunde genauso intensiv zuhört. Glaubst Du, dass dabei eine starke Verbindung entstehen könnte? Genau das ist die Magie von Podcast!

Damit Du überhaupt eine Grundlage hast, zu entscheiden, ob Du einen eigenen Podcast verwenden möchtest, um als Experte noch sichtbarer zu werden, folgen hier wieder ein paar gezielte Fragen für Deine Recherchearbeit:

ALLGEMEINES
WAS SIND PODCASTS? WO KANN ICH PODCASTS HÖREN? WER HÖRT PODCASTS? WO UND WIE KANN ICH MEINEN PODCAST HOSTEN? WIE IST EIN GUTER PODCAST AUFGEBAUT?

SOUND IST ALLES

WELCHES MIKROFON IST BESONDERS GUT FÜR PODCASTS GEEIGNET? WELCHEN ABSTAND HALTE ICH ZUM MIKROFON? WIE SCHNELL ODER LANGSAM SPRECHE ICH? WELCHE MÖGLICHKEITEN HABE ICH, MIT MEINER STIMME ZU SPIELEN? WIE SOLLTE DER RAUM BZW. DIE UMGEBUNG SEIN, IN DEM ICH AUFNEHME?

MACH'S EINFACH, DENN DU BIST VIEL GRÖSSER ALS DU DENKST!

TECHNIK UND FÄHIGKEITEN

WIE SCHNEIDE ICH MEINEN PODCAST? WIE BEARBEITE ICH MEINEN PODCAST? WELCHES PROGRAMM BENÖTIGE ICH DAZU? WO KANN ICH DAS LERNEN? WER KANN MIR DABEI HELFEN? WO BEKOMME ICH MUSIK FÜR MEINEN PODCAST HER? WELCHES MIKROFON IST BESONDERS GUT FÜR PODCASTS GEEIGNET? WELCHE EINSTELLUNGEN MUSS ICH BEI DEM MIKROFON FÜR DIE AUFNAHMEN WÄHLEN?

Sichtbarkeit auf Social Media   DAMIAN **RICHTER**

ABENDS

- [ ] **CHALLENGE**
  AUTHENTISCHES SELBST ERFÜLLT

- [ ] **INSTAGRAM** - MIND. DREI STORYS & EIN BEITRAG ODER IG-TV GEPOSTET

- [ ] **FACEBOOK**
  EIN BEITRAG VERÖFFENTLICHT

CHECKLISTE

- [ ] Marketingwissen erweitert
- [ ] Klarheit geschaffen
- [ ] Ziele & Aufgaben erreicht
- [ ] Ergebnisse produziert
- [ ] Probleme gelöst
- [ ] meinem Wochenziel näher gekommen
- [ ] wie ein Überflieger gehandelt
- [ ] mehr an Wert in das Leben anderer Menschen getragen

- [ ] auf mein Herz gehört
- [ ] Komfortzone verlassen
- [ ] einen Moment der Stille gegönnt
- [ ] mir gesagt, wie liebenswert und wertvoll ich bin
- [ ] jemandem eine Freude bereitet
- [ ] auf den Fluss des Lebens vertraut
- [ ] etwas Gutes, Nahrhaftes gegessen
- [ ] Sport gemacht

WARUM BIST DU EIN **GLÜCKSKIND?**

_____
_____
_____
_____
_____

WAS IST DIR HEUTE **GUT GELUNGEN?** WAS SIND DEINE HEUTIGEN **ERFOLGE?** WORAUF BIST DU **STOLZ?**

_____
_____
_____
_____
_____

WAS HAST DU HEUTE **NEUES GELERNT, VERBESSERT, ERKANNT, BEOBACHTET, TRANSFORMIERT** ODER **LOSGELASSEN?**

_____
_____
_____
_____
_____

WAS HAST DU HEUTE **GUTES FÜR DICH** GETAN UND WAS HAST DU HEUTE **GUTES FÜR ANDERE** GETAN?

_____
_____
_____
_____
_____

SAMSTAG   .   .20

MORGENS

WAS IST DEIN **HEUTIGER TAGESFOKUS?**
Worauf musst Du dich heute fokussieren um die größtmögliche Veränderung in Bezug auf Deine Sichtbarkeit in den Sozialen Medien zu erreichen?

THE **ONE THING TO DO?**
Welche eine Sache musst Du heute unbedingt erledigen? Was ist die eine Aufgabe, welche Du erledigt haben MUSST, bevor Du Dir erlaubst, schlafen zu gehen? Erledige diesen to Do Punkt am besten sofort morgens (Eat the frog in the morning)!

WIEDERHOLE DEIN **WOCHENZIEL**

Wiederholung ist die Mutter der Meisterschaft! Schreibe deswegen jeden Tag Dein Wochenziel auf, bis Du es erreicht hast und sobald Du es erreicht hast, feierst Du Dich jeden Tag dafür und schreibst auf, was für ein gailer Macher / gaile Macherin Du bist!

WORAUF **FREUST** DU DICH HEUTE?

WOFÜR KANNST DU HEUTE **DANKBAR** SEIN?

WAS KANNST DU HEUTE DAFÜR **TUN**, UM DEINEM **WOCHENZIEL NÄHER** ZU KOMMEN?

CHECKLISTE **TAGESAUFGABEN**

- ☐ Intensive Auseinandersetzung mit weiteren für Deine ZG relevanten sozialen Netzwerken
- ☐ kreative Recherche - Welche Möglichkeiten gibt es noch online und offline sichtbar zu werden?
- ☐ _____
- ☐ _____
- ☐ _____

Sichtbarkeit auf Social Media   DAMIAN **RICHTER**

TERMINE	**AUFGABEN**
06.00	06.00
07.00	07.00
08.00	08.00
08.30	08.30
09.00	09.00
09.30	09.30
10.00	10.00
10.30	10.30
11.00	11.00
11.30	11.30
12.00	12.00
12.30	12.30
13.00	13.00
13.30	13.30
14.00	14.00
14.30	14.30
15.00	15.00
15.30	15.30
16.00	16.00
16.30	16.30
17.00	17.00
17.30	17.30
18.00	18.00
19.00	19.00
20.00	20.00
21.00	21.00
22.00	22.00
22.00	22.00
23.00	23.00

MACH´S EINFACH, DENN DU BIST VIEL GRÖSSER ALS DU DENKST!

WEITERE MÖGLICHKEITEN DEINE SICHTBARKEIT ZU ERHÖHEN

Welche Möglichkeiten gibt es noch, Deine Sichtbarkeit außerhalb von Social Media zu erhöhen? Diese Frage soll Dich heute den ganzen Tag begleiten! Denke den ganzen Tag über diese Frage nach und schau was erfolgreiche Unternehmen für ihre Sichtbarkeit unternehmen. Vielleicht könntest Du zu einer Spendenaktion aufrufen oder einen Promotion-Stand auf dem Marktplatz Deines Wohnorts organisieren oder an einer Talkshow teilnehmen? Benutze das Ding zwischen Deinen Ohren und finde heute weitere Ideen, wie Du für Deine Zielgruppe sichtbar wirst. Nur wer Dich kennt, kann auch „Ja" zu Dir sagen!

Denke daran - nur 5% der Coaches, Heilpraktiker und Lebensberater sind tatsächlich finanziell frei! Und auch in allen anderen Berufen sieht es nicht wesentlich besser aus. Willst Du ein Leben in finanzieller Freiheit führen? Dann fang an Dich zu zeigen! Die Zeit, Dich zu zeigen, ist genau JETZT!

ONLINE - WELCHE MÖGLICHKEITEN GIBT ES NOCH, DICH ONLINE ZU ZEIGEN?

Wenn Du schon keinen eigenen Podcast hast, könntest Du immer noch einen Podcaster finden, der mit Dir ein Experten-Interview führen könnte - wahr oder wahr? Auf welchen Plattformen könntest Du noch aktiv werden? (z.B Linked In, Xing, Pinterest, Snapchat,...) Setze Dich mit diesen Plattformen auseinander! Vielleicht könntest Du Dein eigenes E-Book schreiben und vermarkten? Gibt es Online-Kongresse, für die Du Dich als Experte bewerben könntest? Mit welchen Blogs oder Foren könntest Du kooperieren?

Mach es konkret! Wann, wo, wie, mit wem? Schreibe jetzt Deine Gedanken und Ideen auf, egal wie groß oder weit weg sie Dir aktuell erscheinen mögen. Greife dabei auch auf Deine Erkenntnisse aus Deiner Zielgruppenanalyse zurück!

Sichtbarkeit auf Social Media

OFFLINE - WELCHE MÖGLICHKEITEN GIBT ES NOCH OFFLINE, ALSO IM REALEN LEBEN, DEINE SICHTBARKEIT ZU ERHÖHEN?

Welche verrückten Aktionen kannst Du umsetzen, um die Aufmerksamkeit Deiner Zielgruppe auf Dich zu ziehen? Oder passt etwas Stilles besser? Vielleicht organisierst Du eine kostenlose Yogastunde im Stadtpark, die jeden Monat einmal stattfindet und machst das richtig publik!? Wie wäre es mit einer Flyeraktion in Deiner Nachbarschaft? Welche Messen könntest Du besuchen und könntest Du dort einen Expertenvortrag halten? Gibt es vielleicht einen Sport- oder Kinderverein, für den Du als Sponsor auftreten kannst und möchtest? In welchen Zeitungen und Zeitschriften könntest Du Werbeanzeigen oder Pressemitteilungen veröffentlichen? Gib es ein Stadt- oder Bürgerradio, bei dem Du einen Auftritt organisieren könntest?

Mach es wieder konkret und recherchiere - wann, wo, wie, mit wem?

MACH´S EINFACH, DENN **DU** BIST VIEL *GRÖSSER* ALS DU **DENKST!**

RAUM FÜR **NOTIZEN**

Sichtbarkeit auf Social Media   DAMIAN **RICHTER**

ABENDS

☐ **CHALLENGE**
AUTHENTISCHES SELBST ERFÜLLT

☐ **INSTAGRAM** - MIND. DREI STORYS & EIN BEITRAG ODER IG-TV GEPOSTET

☐ **FACEBOOK**
EIN BEITRAG VERÖFFENTLICHT

CHECKLISTE

☐ Marketingwissen erweitert
☐ Klarheit geschaffen
☐ Ziele & Aufgaben erreicht
☐ Ergebnisse produziert
☐ Probleme gelöst
☐ meinem Wochenziel näher gekommen
☐ wie ein Überflieger gehandelt
☐ mehr an Wert in das Leben anderer Menschen getragen

☐ auf mein Herz gehört
☐ Komfortzone verlassen
☐ einen Moment der Stille gegönnt
☐ mir gesagt, wie liebenswert und wertvoll ich bin
☐ jemandem eine Freude bereitet
☐ auf den Fluss des Lebens vertraut
☐ etwas Gutes, Nahrhaftes gegessen
☐ Sport gemacht

WARUM BIST DU EIN **GLÜCKSKIND?**
_____
_____
_____
_____
_____

WAS IST DIR HEUTE **GUT GELUNGEN?** WAS SIND DEINE HEUTIGEN **ERFOLGE?** WORAUF BIST DU **STOLZ?**
_____
_____
_____
_____
_____

WAS HAST DU HEUTE **NEUES GELERNT, VERBESSERT, ERKANNT, BEOBACHTET, TRANSFORMIERT** ODER **LOSGELASSEN?**
_____
_____
_____
_____
_____

WAS HAST DU HEUTE **GUTES FÜR DICH** GETAN UND WAS HAST DU HEUTE **GUTES FÜR ANDERE** GETAN?
_____
_____
_____
_____
_____

SONNTAG   .   .20

MORGENS

WAS IST DEIN **HEUTIGER TAGESFOKUS?**
Worauf musst Du dich heute fokussieren um die größtmögliche Veränderung in Bezug auf Deine Sichtbarkeit in den Sozialen Medien zu erreichen?

_____
_____

THE **ONE THING TO DO?**
Welche eine Sache musst Du heute unbedingt erledigen? Was ist die eine Aufgabe, welche Du erledigt haben MUSST, bevor Du Dir erlaubst, schlafen zu gehen? Erledige diesen to Do Punkt am besten sofort morgens (Eat the frog in the morning)!

_____
_____

WIEDERHOLE DEIN **WOCHENZIEL**

Wiederholung ist die Mutter der Meisterschaft! Schreibe deswegen jeden Tag Dein Wochenziel auf, bis Du es erreicht hast und sobald Du es erreicht hast, feierst Du Dich jeden Tag dafür und schreibst auf, was für ein gailer Macher / gaile Macherin Du bist!

_____
_____
_____

WORAUF FREUST DU DICH HEUTE?

_____
_____
_____
_____

WOFÜR KANNST DU HEUTE DANKBAR SEIN?

_____
_____
_____
_____

WAS KANNST DU HEUTE DAFÜR TUN, UM DEINEM WOCHENZIEL NÄHER ZU KOMMEN?

_____
_____
_____
_____

CHECKLISTE TAGESAUFGABEN

- ☐ Wochenrückblick
- ☐ Zeit für mich
- ☐ Qualitativ hochwertige Zeit für Familie und Freunde
- ☐ _____
- ☐ _____

Sichtbarkeit auf Social Media

DAMIAN **RICHTER**

TERMINE	**AUFGABEN**

06.00 — 06.00 —
07.00 — 07.00 —
08.00 — 08.00 —
08.30 — 08.30 —
09.00 — 09.00 —
09.30 — 09.30 —
10.00 — 10.00 —
10.30 — 10.30 —
11.00 — 11.00 —
11.30 — 11.30 —
12.00 — 12.00 —
12.30 — 12.30 —
13.00 — 13.00 —
13.30 — 13.30 —
14.00 — 14.00 —
14.30 — 14.30 —
15.00 — 15.00 —
15.30 — 15.30 —
16.00 — 16.00 —
16.30 — 16.30 —
17.00 — 17.00 —
17.30 — 17.30 —
18.00 — 18.00 —
19.00 — 19.00 —
20.00 — 20.00 —
21.00 — 21.00 —
22.00 — 22.00 —
22.00 — 22.00 —
23.00 — 23.00 —

MACH'S EINFACH, DENN DU BIST VIEL GRÖSSER ALS DU DENKST!

WOCHENRÜCKBLICK

HAST DU DEIN WOCHENZIEL ERREICHT? ☐ JA ☐ NEIN

Wenn „Ja" - GROSSARTIG! Wenn „Nein" reflektiere, warum Du Dein Ziel nicht erreicht hast. Hast Du Dich vom Alltag ablenken lassen? Hast Du Dich oft genug mit Deinem WARUM verbunden und ist es für Dich stark und groß genug? Was kannst Du nächste Woche anders machen, um Dein Ziel zu erreichen?

_____
_____
_____

WAS IST DEINE GRÖSSTE ERKENNTNIS DIESE WOCHE?

_____
_____
_____
_____

WIE FÜHLST DU DICH BZW. WAS WAR DIESE WOCHE DEIN PRIMÄRER GEFÜHLSZUSTAND IN BEZUG AUF...?

☹ ☹ ⊖ ☺ ☺   ☹ ☹ ⊖ ☺ ☺   ☹ ☹ ⊖ ☺ ☺   ☹ ☹ ⊖ ☺ ☺
Deine Erfolge und   Deine Energie und   Deine beruflichen   Deinen Selbstwert und
Deine Ergebnisse?   Deine klare Ausrichtung? Beziehungen?   Deine Selbstliebe?

WELCHE FRAGEN MUSST DU DIR STELLEN, UM DICH NOCH BESSER ZU FÜHLEN? WIE LEBST DU KUNEV KONKRET?

_____
_____
_____
_____
_____

Sichtbarkeit auf Social Media DAMIAN **RICHTER**

ABENDS

- [ ] **CHALLENGE**
  AUTHENTISCHES SELBST ERFÜLLT

- [ ] **INSTAGRAM** - MIND. DREI STORYS & EIN BEITRAG ODER IG-TV GEPOSTET

- [ ] **FACEBOOK**
  EIN BEITRAG VERÖFFENTLICHT

CHECKLISTE

- [ ] Marketingwissen erweitert
- [ ] Klarheit geschaffen
- [ ] Ziele & Aufgaben erreicht
- [ ] Ergebnisse produziert
- [ ] Probleme gelöst
- [ ] meinem Wochenziel näher gekommen
- [ ] wie ein Überflieger gehandelt
- [ ] mehr an Wert in das Leben anderer Menschen getragen

- [ ] auf mein Herz gehört
- [ ] Komfortzone verlassen
- [ ] einen Moment der Stille gegönnt
- [ ] mir gesagt, wie liebenswert und wertvoll ich bin
- [ ] jemandem eine Freude bereitet
- [ ] auf den Fluss des Lebens vertraut
- [ ] etwas Gutes, Nahrhaftes gegessen
- [ ] Sport gemacht

WARUM BIST DU EIN **GLÜCKSKIND?**

_____
_____
_____
_____
_____
_____

WAS IST DIR HEUTE **GUT GELUNGEN?** WAS SIND DEINE HEUTIGEN **ERFOLGE?** WORAUF BIST DU **STOLZ?**

_____
_____
_____
_____
_____

WAS HAST DU HEUTE **NEUES GELERNT, VERBESSERT, ERKANNT, BEOBACHTET, TRANSFORMIERT** ODER **LOSGELASSEN?**

_____
_____
_____
_____
_____

WAS HAST DU HEUTE **GUTES FÜR DICH** GETAN UND WAS HAST DU HEUTE **GUTES FÜR ANDERE** GETAN?

_____
_____
_____
_____
_____

RAUM FÜR **NOTIZEN**

DAMIAN **RICHTER**

RAUM FÜR NOTIZEN

DAMIAN **RICHTER**

{ 3. WOCHE OPTIMIERUNG DEINES SELBSTMARKETINGS }

Schau Dir jetzt das **BONUS-VIDEO** zur Vertiefung und Erweiterung Deines **Selbstmarketings** an!

https://damian-richter.com/marketing-erfolgs-manager/selbstmarketing

WAS DICH DIESE WOCHE ERWARTET...

Halbzeit! Zwei der vier Wochen hast Du heute erfolgreich absolviert - unglaublich! Da Du bewiesen hast, dass Du es ernst meinst, werden wir nun einen Gang höher schalten. Denn in den folgenden sieben Tagen widmen wir uns ganz dem Thema der Selbstoptimierung in Bezug auf Dein Selbstmarketing. Doch bevor Du mit dem ersten Tag und den Aufgaben beginnen kannst, müssen wir über fünf Buchstaben sprechen, die alles ändern: KUNEV!

KUNEV und (Selbst-)Reflexion sind zwei großartige Fähigkeiten und Eigenschaften, die Dich auf Deinem Weg zum Erfolg massiv unterstützen und supporten werden. **KUNEV** ist dabei die Abkürzung für **K**onstante **U**nd **N**iemals **E**ndende **V**erbesserung - und das KUNEV-Prinzip besagt im Kern folgendes: WER AUFGEHÖRT HAT, BESSER ZU WERDEN, HAT AUFGEHÖRT, GUT ZU SEIN!

Diesen Spruch hörte ich jedes Mal, wenn ich als kleiner Junge mit meinem Vater auf dem Reitplatz trainierte. Ich war Springreiter und hoch motiviert, mich jeden Tag etwas zu verbessern, um in den nächsten Turnieren ganz vorne mit dabei zu sein. Sobald ich einmal nicht ganz bei der Sache war, wies mich mein Vater stets auf dieses Konzept von KUNEV hin - mit großem Erfolg. In meiner Jugendzeit gehörte ich zu den besten Springreitern in Norddeutschland.

Zum Glück gehts hier aber nicht um Springreiten, sondern um (Selbst-)Marketing. Daher widmen wir uns jetzt sofort den ersten Aufgaben der dritten Woche! Viel Spaß und Erfolg bei allem, was Du tust!

Was war diese Woche
Dein größter Erfolg? Teile jetzt Deine
Erkenntnisse unter meinem aktuellen **Post
auf Facebook!**

DAMIAN RICHTER ERFOLGSTRAINER UND LIFECOACH

FOKUS DER WOCHE   Optimierung Deines Selbstmarketings

	MO	DI	MI

Plane Deine Woche im Voraus. Blocke Dir jetzt bewusst Zeiten zur **Reflexion**, **Optimierung** und **KUNEV!**

Vergiss dabei nicht Deine Zeiten für **Social Media** und **Wissensaufbau** für Dein herausragendes **Marketing.**

Berücksichtige auch jetzt wieder wichtige Termine sowie Zeit für Dich.

WOCHENZIEL

Welches Ziel wirst Du Ende dieser Woche in Bezug auf Dein Selbstmarketing oder auf KUNEV erreicht haben?
(Beachte dabei die zehn goldenen Regeln richtiger Zielformulierung! a. S. 21)

_____
_____
_____
_____
_____
_____

Zeiten 06–23 für MO, DI, MI.

WELCHES WISSEN BRAUCHE ICH UND **WELCHE GEDANKEN** MUSS ICH DENKEN, UM **MEIN SELBSTMARKETING** ZU VERBESSERN?

_____
_____
_____
_____
_____
_____

WELCHE **NEUEN GEWOHNHEITEN** & **STANDARDS** MUSS ICH ETABLIEREN, UM **KUNEV ZU LEBEN** UND MIR MEINES **ENORMEN SELBSTWERTES** ZU JEDER ZEIT BEWUSST ZU SEIN?

_____
_____
_____
_____
_____
_____

3. WOCHE

DAMIAN **RICHTER**

| **DO** | **FR** | **SA** | **SO** |

06 _____ 06 _____ 06 _____ 06 _____
07 _____ 07 _____ 07 _____ 07 _____
08 _____ 08 _____ 08 _____ 08 _____
09 _____ 09 _____ 09 _____ 09 _____
10 _____ 10 _____ 10 _____ 10 _____
11 _____ 11 _____ 11 _____ 11 _____
12 _____ 12 _____ 12 _____ 12 _____
13 _____ 13 _____ 13 _____ 13 _____
14 _____ 14 _____ 14 _____ 14 _____
15 _____ 15 _____ 15 _____ 15 _____
16 _____ 16 _____ 16 _____ 16 _____
17 _____ 17 _____ 17 _____ 17 _____
18 _____ 18 _____ 18 _____ 18 _____
19 _____ 19 _____ 19 _____ 19 _____
20 _____ 20 _____ 20 _____ 20 _____
21 _____ 21 _____ 21 _____ 21 _____
22 _____ 22 _____ 22 _____ 22 _____
22 _____ 22 _____ 22 _____ 22 _____
23 _____ 23 _____ 23 _____ 23 _____

WARUM IST ES FÜR MICH **PERSÖNLICH** UND **BERUFLICH WICHTIG,** DASS ICH MICH MIT MEINEM SELBSTMARKETING AUSEINANDERSETZE?

WIE WERDE ICH DIESE WOCHE IN DIE **UMSETZUNG** KOMMEN UND **WIE** WERDE ICH KUNEV FÜR MEIN SELBSTMARKETING LEBEN?

MONTAG . .20

MORGENS

WAS IST DEIN HEUTIGER TAGESFOKUS?
Worauf musst Du dich heute fokussieren um die größtmögliche positive Veränderung in Bezug auf Dein Selbstmarketing zu erzielen?

THE ONE THING TO DO?
Welche eine Sache musst Du heute unbedingt erledigen? Was ist die eine Aufgabe, welche Du erledigt haben MUSST, bevor Du Dir erlaubst, schlafen zu gehen? Erledige diesen To-Do-Punkt am besten sofort morgens (Eat the frog in the morning)!

WIEDERHOLE DEIN WOCHENZIEL

Wiederholung ist die Mutter der Meisterschaft! Schreibe deswegen jeden Tag Dein Wochenziel auf, bis Du es erreicht hast und sobald Du es erreicht hast, feierst Du Dich jeden Tag dafür und schreibst auf, was für ein gailer Macher / gaile Macherin Du bist!

WORAUF FREUST DU DICH HEUTE?

WOFÜR KANNST DU HEUTE DANKBAR SEIN?

WAS KANNST DU HEUTE DAFÜR TUN, UM DEINEM WOCHENZIEL NÄHER ZU KOMMEN?

CHECKLISTE TAGESAUFGABEN
- ☐ Verbinde Dich mit Deinem starken Warum
- ☐ _____
- ☐ _____
- ☐ _____
- ☐ _____
- ☐ _____

Optimierung Deines Selbstmarketings

DAMIAN **RICHTER**

TERMINE	**AUFGABEN**
06.00	06.00
07.00	07.00
08.00	08.00
08.30	08.30
09.00	09.00
09.30	09.30
10.00	10.00
10.30	10.30
11.00	11.00
11.30	11.30
12.00	12.00
12.30	12.30
13.00	13.00
13.30	13.30
14.00	14.00
14.30	14.30
15.00	15.00
15.30	15.30
16.00	16.00
16.30	16.30
17.00	17.00
17.30	17.30
18.00	18.00
19.00	19.00
20.00	20.00
21.00	21.00
22.00	22.00
22.00	22.00
23.00	23.00

MACH'S EINFACH, DENN DU BIST VIEL GRÖSSER ALS DU DENKST!

DEIN STARKES WARUM

Zwei sehr erkenntnisreiche Wochen liegen hinter Dir und vielleicht hast Du Dich bei dem Gedanken erwischt: „Warum zum Teufel tue ich mir das eigentlich an?" - oder Du kannst Dir zumindest vorstellen, dass es jemandem so gehen könnte.

Aus diesem Grund beginnen wir diese Woche mit einem Check up, um Dich neu zu fokussieren und Dich intensiv mit Deinem Warum zu verbinden. Dein Warum ist der Raketentreibstoff für Deinen Erfolg! Dich selbst unter Druck zu setzen, bis Du jede Lust verlierst, ist definitiv KEIN gutes warum. Ein starkes warum lässt Dich Berge versetzen und Dich immer wieder über Deine Grenzen gehen. Es motiviert Dich von innen heraus und erfüllt Dich mit einem tiefen Gefühl der Dankbarkeit und Freude. Dein warum kann Deine persönliche Traumversion sein, von dem Gefühl ganz angekommen im Leben zu sein. Im besten Fall hat Dein warum einen Namen (z.B. Deine Kinder oder Dein Partner).

SCHREIBE DEIN GROSSES WARUM AUF! WARUM BIST DU BEREIT DIESEN WEG MIT ALLEN HÖHEN UND TIEFEN ZU GEHEN? VERBINDE DICH IM HERZEN MIT DEINEM WARUM UND MACH ES RICHTIG GROSS! 10 MAL SO GROSS UND FÜHLE ES MIT JEDER ZELLE DEINES KÖRPERS! SIEH ES JETZT VOR DEINEM GEISTIGEN AUGE - ANGEKOMMEN IN DEINEM TRAUMLEBEN! WIE FÜHLT SICH DAS AN? SCHREIBE ES JETZT AUF.

_____
_____
_____
_____
_____
_____
_____
_____

WARUM - CHALLENGE

Diese Woche, also die nächsten sieben Tage, möchte ich Dich zu einer ganz außergewöhnlichen Challenge einladen. Die Challenge besteht darin, Dich so oft wie möglich (aber mindestens einmal am Tag) mit Deinem Warum zu verbinden! Mach Dein echtes Warum zu Deinem ständigen Begleiter und erlebe, wie viel leichter, fokussierter und motivierter Du durch den Tag gehst.

Willst Du mehr Leichtigkeit, Freude und größere Ergebnisse? Ja?! Sensationell - dann sei bei dieser Challenge besonders gewissenhaft und verbinde Dich immer wieder und wieder und wieder mit Deinem warum. Mein Tipp: Visualisiere und fühle Dein Warum jeden Morgen sehr bewusst nach dem Aufstehen. So startest Du mit besonders viel Energie in den Tag.

Wenn Du mal einen Moment mit einer kleinen Motivations-Herausforderung haben solltest und es Dir hilft, kannst Du Dir auch vorstellen, ob Du gerade wirklich DIE 100% gibst, die Du zu geben fähig wärst, wenn Dein warum in Gefahr wäre.

Optimierung Deines Selbstmarketings   DAMIAN **RICHTER**

ABENDS

- [ ] **WARUM - CHALLENGE**
- [ ] **INSTAGRAM** - MIND. DREI STORYS & EIN BEITRAG ODER IG-TV GEPOSTET
- [ ] **FACEBOOK** EIN BEITRAG VERÖFFENTLICHT

CHECKLISTE

- [ ] Marketingwissen erweitert
- [ ] Klarheit geschaffen
- [ ] Ziele & Aufgaben erreicht
- [ ] Ergebnisse produziert
- [ ] Probleme gelöst
- [ ] meinem Wochenziel näher gekommen
- [ ] wie ein Überflieger gehandelt
- [ ] mehr an Wert in das Leben anderer Menschen getragen
- [ ] auf mein Herz gehört
- [ ] Komfortzone verlassen
- [ ] einen Moment der Stille gegönnt
- [ ] mir gesagt, wie liebenswert und wertvoll ich bin
- [ ] jemandem eine Freude bereitet
- [ ] auf den Fluss des Lebens vertraut
- [ ] etwas Gutes, Nahrhaftes gegessen
- [ ] Sport gemacht

WARUM BIST DU EIN **GLÜCKSKIND?**
_____
_____
_____
_____
_____

WAS IST DIR HEUTE **GUT GELUNGEN?** WAS SIND DEINE HEUTIGEN **ERFOLGE?** WORAUF BIST DU **STOLZ?**
_____
_____
_____
_____
_____

WAS HAST DU HEUTE **NEUES GELERNT, VERBESSERT, ERKANNT, BEOBACHTET, TRANSFORMIERT** ODER **LOSGELASSEN?**
_____
_____
_____
_____
_____

WAS HAST DU HEUTE **GUTES FÜR DICH** GETAN UND WAS HAST DU HEUTE **GUTES FÜR ANDERE** GETAN?
_____
_____
_____
_____
_____

DIENSTAG . .20

MORGENS

WAS IST DEIN **HEUTIGER TAGESFOKUS**?
Worauf musst Du dich heute fokussieren um die größtmögliche positive Veränderung in Bezug auf Dein Selbstmarketing zu erzielen?

THE **ONE THING TO DO?**
Welche eine Sache musst Du heute unbedingt erledigen? Was ist die eine Aufgabe, welche Du erledigt haben MUSST, bevor Du Dir erlaubst, schlafen zu gehen? Erledige diesen To-Do-Punkt am besten sofort morgens (Eat the frog in the morning)!

WIEDERHOLE DEIN **WOCHENZIEL**

Wiederholung ist die Mutter der Meisterschaft! Schreibe deswegen jeden Tag Dein Wochenziel auf, bis Du es erreicht hast und sobald Du es erreicht hast, feierst Du Dich jeden Tag dafür und schreibst auf, was für ein gailer Macher / gaile Macherin Du bist!

___

WORAUF **FREUST** DU DICH HEUTE?

WOFÜR KANNST DU HEUTE **DANKBAR** SEIN?

WAS KANNST DU HEUTE DAFÜR **TUN**, UM DEINEM **WOCHENZIEL NÄHER** ZU KOMMEN?

CHECKLISTE **TAGESAUFGABEN**
- ☐ Nimm ein Video zu Deinem Warum und Deiner Vision auf und lade es auf Deinen Social Media hoch
- ☐ _____
- ☐ _____
- ☐ _____
- ☐ _____

Optimierung Deines Selbstmarketings

DAMIAN **RICHTER**

TERMINE	**AUFGABEN**

06.00 ————————————— 06.00 —————————————
07.00 ————————————— 07.00 —————————————
08.00 ————————————— 08.00 —————————————
08.30 ————————————— 08.30 —————————————
09.00 ————————————— 09.00 —————————————
09.30 ————————————— 09.30 —————————————
10.00 ————————————— 10.00 —————————————
10.30 ————————————— 10.30 —————————————
11.00 ————————————— 11.00 —————————————
11.30 ————————————— 11.30 —————————————
12.00 ————————————— 12.00 —————————————
12.30 ————————————— 12.30 —————————————
13.00 ————————————— 13.00 —————————————
13.30 ————————————— 13.30 —————————————
14.00 ————————————— 14.00 —————————————
14.30 ————————————— 14.30 —————————————
15.00 ————————————— 15.00 —————————————
15.30 ————————————— 15.30 —————————————
16.00 ————————————— 16.00 —————————————
16.30 ————————————— 16.30 —————————————
17.00 ————————————— 17.00 —————————————
17.30 ————————————— 17.30 —————————————
18.00 ————————————— 18.00 —————————————
19.00 ————————————— 19.00 —————————————
20.00 ————————————— 20.00 —————————————
21.00 ————————————— 21.00 —————————————
22.00 ————————————— 22.00 —————————————
22.00 ————————————— 22.00 —————————————
23.00 ————————————— 23.00 —————————————

MACH'S EINFACH, DENN DU BIST VIEL GRÖSSER ALS DU DENKST!

GAILES MARKETING KOMMT VON INNEN

Wie stark hast Du den Unterschied in Bezug auf Deine Motivation von letzter Woche zu gestern wahrgenommen? Unsere Energie folgt immer dem Fokus, folgt den Geschichten, die wir uns selbst erzählen und folgt den Fragen, die wir uns selbst stellen. Dein energetischer Zustand ist also ein Aspekt Deines Selbstmarketings. Wie gehst Du mit Dir selbst um? Welche Geschichten glaubst Du? Die, Deiner inneren Dämonen, die Dich klein halten wollen oder die, Deines inneren Überfliegers und Deinem starken riesigen Warums?

Dein Selbstmarketing, also die Geschichten, die Du Dir selbst erzählst, ob Du zum Beispiel etwas kannst oder nicht kannst, bestimmt nicht nur Deinen energetischen Zustand, sondern auch Dein Marketing für Dein Business. Wie? Wir kreieren von innen nach außen! Von innen nach...? Das heißt, wenn Du Dir in Deinem inneren eine beschissene Geschichte erzählst, dass Du zu alt oder zu jung für etwas seist, noch irgendetwas bräuchtest um Dich zu zeigen, nicht gut genug seist oder wegen Deiner inneren Dämonen den Wert Deiner Arbeit nicht erkennst, dann wirst Du im Außen auch nur beschissene Ergebnisse ernten.

Gibt es im Moment noch irgendeinen alten, Dir nicht mehr dienlichen Glaubenssatz oder eine Eigenschaft in Dir, der oder die Dich davon abhält, Dich authentisch zu zeigen und aktiv dem Leben entgegenzugehen, von dem Du schon immer geträumt hast? Wenn Ja, finde am besten sofort einen Coach, der sich mit diesem Thema auskennt und vereinbare einen ersten Termin, um das Thema nachhaltig zu lösen! Es sei denn, Du möchtest weiter mit angezogener Handbremse fahren.

Kommen wir zurück zu den positiven, Dich bestärkenden Geschichten für Dein Selbstmarketing. Dein Warum ist, wie Du selbst erfahren durftest, eine sehr kraftvolle Geschichte, um Dich neu auszurichten. Findest Du nicht auch, dass eine so kraftvolle und bestärkende Vision, wie Dein Warum, viel zu wertvoll ist, um sie für Dich zu behalten? Genau aus diesem Grund lautet Deine **heutige Aufgabe** wie folgt:

NEHME EIN **VIDEO** (MIND. 5 MIN.) FÜR IG-TV, FACEBOOK UND GGF. YOUTUBE AUF IN DEM DU VON DEINEM **WARUM UND DEINER VISION** ERZÄHLST. BESCHREIBE DEINE VISION SO DETAILLIERT WIE MÖGLICH UND SPRICH AUS VOLLEM HERZEN. INSPIRIERE ANDERE MENSCHEN MIT DEINEM **INNEREN ANTRIEB** UND LASSE SIE AN **DEINER VISION TEILHABEN.** DENN NUR WENN DEINE KUNDEN WISSEN, WO DU HIN MÖCHTEST UND WAS DEIN WAHRER ANTRIEB IST, KÖNNEN SIE „JA" ZU DIR SAGEN!

RAUM FÜR **NOTIZEN**

_____
_____
_____
_____
_____
_____
_____
_____
_____

Optimierung Deines Selbstmarketings — DAMIAN **RICHTER**

ABENDS

- [ ] **WARUM - CHALLENGE**
- [ ] **INSTAGRAM** - MIND. DREI STORYS & EIN BEITRAG ODER IG-TV GEPOSTET
- [ ] **FACEBOOK** EIN BEITRAG VERÖFFENTLICHT

CHECKLISTE

- [ ] Marketingwissen erweitert
- [ ] Klarheit geschaffen
- [ ] Ziele & Aufgaben erreicht
- [ ] Ergebnisse produziert
- [ ] Probleme gelöst
- [ ] meinem Wochenziel näher gekommen
- [ ] wie ein Überflieger gehandelt
- [ ] mehr an Wert in das Leben anderer Menschen getragen
- [ ] auf mein Herz gehört
- [ ] Komfortzone verlassen
- [ ] einen Moment der Stille gegönnt
- [ ] mir gesagt, wie liebenswert und wertvoll ich bin
- [ ] jemandem eine Freude bereitet
- [ ] auf den Fluss des Lebens vertraut
- [ ] etwas Gutes, Nahrhaftes gegessen
- [ ] Sport gemacht

WARUM BIST DU EIN **GLÜCKSKIND?**

_____
_____
_____
_____
_____
_____

WAS IST DIR HEUTE **GUT GELUNGEN?** WAS SIND DEINE HEUTIGEN **ERFOLGE?** WORAUF BIST DU **STOLZ?**

_____
_____
_____
_____
_____

WAS HAST DU HEUTE **NEUES GELERNT, VERBESSERT, ERKANNT, BEOBACHTET, TRANSFORMIERT** ODER **LOSGELASSEN?**

_____
_____
_____
_____
_____

WAS HAST DU HEUTE **GUTES FÜR DICH** GETAN UND WAS HAST DU HEUTE **GUTES FÜR ANDERE** GETAN?

_____
_____
_____
_____
_____

MITTWOCH ____ . ____ .20 ____

MORGENS

WAS IST DEIN **HEUTIGER TAGESFOKUS?**
Worauf musst Du dich heute fokussieren um die größtmögliche positive Veränderung in Bezug auf Dein Selbstmarketing zu erzielen?

THE **ONE THING TO DO?**
Welche eine Sache musst Du heute unbedingt erledigen? Was ist die eine Aufgabe, welche Du erledigt haben MUSST, bevor Du Dir erlaubst, schlafen zu gehen? Erledige diesen To-Do-Punkt am besten sofort morgens (Eat the frog in the morning)!

WIEDERHOLE DEIN **WOCHENZIEL**
Wiederholung ist die Mutter der Meisterschaft! Schreibe deswegen jeden Tag Dein Wochenziel auf, bis Du es erreicht hast und sobald Du es erreicht hast, feierst Du Dich jeden Tag dafür und schreibst auf, was für ein gailer Macher / gaile Macherin Du bist!

___

___

___

WORAUF **FREUST** DU DICH HEUTE?

___

___

___

___

___

WOFÜR KANNST DU HEUTE **DANKBAR** SEIN?

___

___

___

___

___

WAS KANNST DU HEUTE DAFÜR **TUN**, UM DEINEM **WOCHENZIEL NÄHER** ZU KOMMEN?

___

___

___

___

___

CHECKLISTE **TAGESAUFGABEN**

☐ Lies Dir den heutigen Text durch und unter-Zeichne den Ehren-Kodex für „Gutes tun und darüber sprechen"! Mache es Dir zur Gewohnheit nach diesem Ehren-Kodex zu leben.

☐ ___

☐ ___

☐ ___

Optimierung Deines Selbstmarketings DAMIAN **RICHTER**

TERMINE	**AUFGABEN**
06.00	06.00
07.00	07.00
08.00	08.00
08.30	08.30
09.00	09.00
09.30	09.30
10.00	10.00
10.30	10.30
11.00	11.00
11.30	11.30
12.00	12.00
12.30	12.30
13.00	13.00
13.30	13.30
14.00	14.00
14.30	14.30
15.00	15.00
15.30	15.30
16.00	16.00
16.30	16.30
17.00	17.00
17.30	17.30
18.00	18.00
19.00	19.00
20.00	20.00
21.00	21.00
22.00	22.00
22.00	22.00
23.00	23.00

MACH'S EINFACH, DENN DU BIST VIEL GRÖSSER ALS DU DENKST!

DIE GOLDENE REGEL FÜR DEIN HERAUSRAGENDES SELBSTMARKETING: TUE GUTES UND REDE DARÜBER!

Die goldene Regel „Tue Gutes und rede darüber" klingt ziemlich simpel, ist aber extrem wirkungsvoll! Gestern hast Du es mit Deinem Visions-Video bereits geübt und ab sofort gilt es, das **Motto „Tue Gutes und rede darüber"** als neue Gewohnheit in Deinem Leben zu etablieren. Mache es Dir zur Gewohnheit über Deine guten Taten zu **berichten** und leite im besten Fall, stets eine Erkenntnis für andrer daraus ab.

Warum ist es so wichtig, über das zu sprechen (oder schreiben), was man selbst Gutes tut? Ganz einfach! Jeder Mensch ist sich selbst in Wahrheit am nächsten - von daher kann **NIEMAND** jede gute Tat von jedem Menschen in seinem Umfeld bewusst wahrnehmen. Heißt erst, wenn Du Deine guten Taten, Deine Expertise, Deine Fähigkeiten, Erfolge und Fertigkeiten mit anderen teilst, können sie diese bewusst wahrnehmen. Andernfalls enthältst Du ihnen diese vor.

Hier ein paar Beispiele, um die Tragweite von „Tue Gutes und rede darüber" zu verdeutlichen.

Stell Dir vor, Du hast ein besonderes Gericht zubereitet und hast all Deine Liebe und bestes Gesundheitswissen in die Zubereitung fließen lassen. Dann isst Du gemeinsam mit Deiner Familie oder Deinen Freunden und sprichst einfach nicht darüber. Woher sollen sie Wissen, wie wertvoll und wie besonders dieses Essen in Wirklichkeit ist, wenn Du es ihnen vorenthältst?

Oder stell Dir vor, Du hast einem Kunden - einem Fan - zu einem sensationellen Durchbruch verholfen! Warum nur zu zweit freuen? Lass auch andere an diesem Erfolg und an dem Glück teilhaben. Nimm zum Beispiel eine kurze Story für Instagram auf. So wirst Du nicht nur zum Übermittler von Momenten des Glücks und der Freude, sondern baust damit automatisch Deine Expertise sowie Vertrauen und Nähe auf. Du gibst damit anderen Menschen die Chance, Dich als den wundervollen Menschen wahrzunehmen, der Du bist.

Was wirst Du Dir also ab sofort zur **Gewohnheit** machen? Richtig! Gutes Tun und darüber sprechen!

> ▶ Eine Sache muss ich an dieser Stelle absolut klarstellen. Es geht **NICHT** darum, was Du gedenkst Gutes zu tun, sondern was Du Gutes getan hast! Es geht um echte Ergebnisse und nicht ums Rumlabern und sich profilieren wollen. Es geht darum echt und authentisch mehr an Wert in das Leben anderer Menschen zu tragen.

Wörter wie „eigentlich, vielleicht, in etwa, eventuell" solltest Du aus Deinem Sprachschatz verbannen. Gewöhne Dir Formulierungen an wie „Ich will, …", „Bitte erledige das bis …", „Ich stelle mir vor, dass …". Arbeite immer weiter daran. Störe Dich nicht daran, was andere über Dich denken könnten. Diese Form der Kommunikation schafft Klarheit und Klarheit führt bekannterweise zu Macht. Frauen nehmen sich in ihrer Sprache oft zurück, weil sie nicht zu machtbewusst/bestimmend/ehrgeizig wirken möchten. In diesem Fall habe ich zwei Worte für Dich: Überwinde es. Arbeite an einer klaren Sprache, um Dein Anliegen auf den Punkt zu bringen. So schaffst Du **Ergebnisse.**

EHREN-KODEX FÜR „GUTES TUN UND DARÜBER SPRECHEN"

Hiermit gelobe ich Gutes zu tun und darüber zu sprechen. Ich werde nicht rumschnacken oder rumlabern über Dinge, die ich eventuell getan haben könnte, sondern ausschließlich über echte Taten und echte Ergebnisse berichten. Dabei werde ich niemandes Privatsphäre missachten. Ich werde diese Geschichte nicht verwenden, um mich zu profilieren oder als King of the Hill darzustellen. Ich teile diese guten Taten, um mehr an Wert, Freude, Liebe und Begeisterung in das Leben anderer Menschen zu tragen.

Mir ist bewusst, dass ich meine guten Taten, Fähigkeiten, Fertigkeiten und Ergebnisse sichtbar machen MUSS, indem ich darüber spreche oder schreibe, damit andere überhaupt eine Chance haben, diese bewusst wahrzunehmen.

_____   _____
Ort, Datum   Unterschrift

Optimierung Deines Selbstmarketings DAMIAN **RICHTER**

ABENDS

☐ **WARUM - CHALLENGE**

☐ **INSTAGRAM** - MIND. DREI STORYS & EIN BEITRAG ODER IG-TV GEPOSTET

☐ **ETWAS GUTES GETAN UND DARÜBER GESPROCHEN** (Z.B. IN EINER STORY, E-MAIL ODER BEITRAG)

☐ **FACEBOOK** EIN BEITRAG VERÖFFENTLICHT

CHECKLISTE

☐ Marketingwissen erweitert
☐ Klarheit geschaffen
☐ Ziele & Aufgaben erreicht
☐ Ergebnisse produziert
☐ Probleme gelöst
☐ meinem Wochenziel näher gekommen
☐ wie ein Überflieger gehandelt
☐ mehr an Wert in das Leben anderer Menschen getragen

☐ auf mein Herz gehört
☐ Komfortzone verlassen
☐ einen Moment der Stille gegönnt
☐ mir gesagt, wie liebenswert und wertvoll ich bin
☐ jemandem eine Freude bereitet
☐ auf den Fluss des Lebens vertraut
☐ etwas Gutes, Nahrhaftes gegessen
☐ Sport gemacht

WARUM BIST DU EIN **GLÜCKSKIND?**
_____
_____
_____
_____
_____

WAS IST DIR HEUTE **GUT GELUNGEN?** WAS SIND DEINE HEUTIGEN **ERFOLGE?** WORAUF BIST DU **STOLZ?**
_____
_____
_____
_____

WAS HAST DU HEUTE **NEUES GELERNT, VERBESSERT, ERKANNT, BEOBACHTET, TRANSFORMIERT** ODER **LOSGELASSEN?**
_____
_____
_____
_____
_____

WAS HAST DU HEUTE **GUTES FÜR DICH** GETAN UND WAS HAST DU HEUTE **GUTES FÜR ANDERE** GETAN?
_____
_____
_____
_____
_____

DONNERSTAG . .20

MORGENS

WAS IST DEIN **HEUTIGER TAGESFOKUS?**
Worauf musst Du dich heute fokussieren um die größtmögliche positive Veränderung in Bezug auf Dein Selbstmarketing zu erzielen?

THE **ONE THING TO DO?**
Welche eine Sache musst Du heute unbedingt erledigen? Was ist die eine Aufgabe, welche Du erledigt haben MUSST, bevor Du Dir erlaubst, schlafen zu gehen? Erledige diesen To-Do-Punkt am besten sofort morgens (Eat the frog in the morning)!

WIEDERHOLE DEIN **WOCHENZIEL**
Wiederholung ist die Mutter der Meisterschaft! Schreibe deswegen jeden Tag Dein Wochenziel auf, bis Du es erreicht hast und sobald Du es erreicht hast, feierst Du Dich jeden Tag dafür und schreibst auf, was für ein gailer Macher / gaile Macherin Du bist!

WORAUF FREUST DU DICH HEUTE?

WOFÜR KANNST DU HEUTE DANKBAR SEIN?

WAS KANNST DU HEUTE DAFÜR TUN, UM DEINEM WOCHENZIEL NÄHER ZU KOMMEN?

CHECKLISTE TAGESAUFGABEN
- [ ] Reflexion der letzten zwei Wochen: „Bringt mich das, was ich gerade tue, meinem Ziel näher?"
- [ ]
- [ ]
- [ ]
- [ ]

Optimierung Deines Selbstmarketings

DAMIAN **RICHTER**

TERMINE	**AUFGABEN**
06.00	06.00
07.00	07.00
08.00	08.00
08.30	08.30
09.00	09.00
09.30	09.30
10.00	10.00
10.30	10.30
11.00	11.00
11.30	11.30
12.00	12.00
12.30	12.30
13.00	13.00
13.30	13.30
14.00	14.00
14.30	14.30
15.00	15.00
15.30	15.30
16.00	16.00
16.30	16.30
17.00	17.00
17.30	17.30
18.00	18.00
19.00	19.00
20.00	20.00
21.00	21.00
22.00	22.00
22.00	22.00
23.00	23.00

MACH'S EINFACH, DENN DU BIST VIEL GRÖSSER ALS DU DENKST!

REFLEXION - BRINGT MICH DAS, WAS ICH **GERADE TUE**, MEINEM **ZIEL NÄHER?**

Ein gelungenes Selbstmarketing besagt, dass Du von anderen so wahrgenommen wirst, wie Du Dich entschieden hast, wahrgenommen werden zu wollen. Das heißt, dass Du Dich im wahrsten Sinne des Wortes selbst vermarktest. Wenn bei Dir gerade ein bitterer Beigeschmack von „Muss ich mich jetzt verstellen!?" aufkommt, darf ich Dich beruhigen. Denn verstellen würdest Du Dich nur, wenn Du etwas vermarktest bzw. darstellen möchtest, was Du in Wirklichkeit nicht bist. Wenn Du jedoch Dein Selbstmarketing optimierst, indem Du das in den Fokus stellst, was eh bereits da ist: Deine guten Taten, Deine Stärken, Fähigkeiten und Erfolge, dann hat das nichts von verstellen - wahr oder wahr! Du musst lediglich Deinen gewohnten Fokus in der Kommunikation so ändern, dass Du anderen Menschen die Möglichkeit gibst, diese (von Dir gewählten) Werte zu erkennen.

In der ersten Woche hattest Du die Aufgabe, Dir über Deine Werte klarzuwerden. Wie möchtest Du wahrgenommen werden? Welche Botschaft möchtest Du nach außen kommunizieren?

Möchtest Du als ein crazy Typ wahrgenommen werden, der jede Menge verrückter Sachen unternimmt? Dann prüfe jetzt, was Du in den vergangenen zwei Wochen getan hast, um diesem Ziel näherzukommen!

Du möchtest als starke, souveräne Frau auftreten? Was hast Du getan, um als diese strake, souveräne Frau wahrgenommen zu werden?

Du möchtest ein erfolgreicher Unternehmer sein? Was hast Du in den vergangenen zwei Wochen unternommen, um konkrete Ergebnisse des Erfolgs zu produzieren?

Du willst, dass Deine Kinder oder Dein Partner zu Deinen größten Fans werden, weil Familie für Dich an erster Stelle steht? Was hast Du getan, damit sie zu Deinen größten Fans werden?

ÜBERPRÜFE ERNEUT DEINE WERTE UND DIE ART UND WEISE, WIE DU WAHRGENOMMEN WERDEN MÖCHTEST, DENN DAS IST DIE GRUNDLAGE DEINES **OPTIMALEN SELBSTMARKETINGS.** SIND ES NOCH **DEINE WERTE** ODER WILLST DU ETWAS ANPASSEN, ERGÄNZEN ODER STREICHEN? WAS HAST DU IN DEN LETZTEN ZWEI WOCHEN **KONKRETES GETAN,** UM DIESE WERTE ZU LEBEN UND DARÜBER ZU SPRECHEN? WAS KÖNNTEST DU IN ZUKUNFT ANDERS MACHEN? WAS MUSST DU TUN, UM **DEINEN WAHREN KERN**, DEIN AUTHENTISCHES SELBST, SO RÜBER ZU BRINGEN, DAS ANDERE MENSCHEN DIESEN AUCH **ERKENNEN?**

Optimierung Deines Selbstmarketings   DAMIAN **RICHTER**

ABENDS

- [ ] **WARUM - CHALLENGE**
- [ ] **INSTAGRAM** - MIND. DREI STORYS & EIN BEITRAG ODER IG-TV GEPOSTET
- [ ] **ETWAS GUTES GETAN UND DARÜBER GESPROCHEN** (Z.B. IN EINER STORY, E-MAIL ODER BEITRAG)
- [ ] **FACEBOOK** EIN BEITRAG VERÖFFENTLICHT

CHECKLISTE

- [ ] Marketingwissen erweitert
- [ ] Klarheit geschaffen
- [ ] Ziele & Aufgaben erreicht
- [ ] Ergebnisse produziert
- [ ] Probleme gelöst
- [ ] meinem Wochenziel näher gekommen
- [ ] wie ein Überflieger gehandelt
- [ ] mehr an Wert in das Leben anderer Menschen getragen

- [ ] auf mein Herz gehört
- [ ] Komfortzone verlassen
- [ ] einen Moment der Stille gegönnt
- [ ] mir gesagt, wie liebenswert und wertvoll ich bin
- [ ] jemandem eine Freude bereitet
- [ ] auf den Fluss des Lebens vertraut
- [ ] etwas Gutes, Nahrhaftes gegessen
- [ ] Sport gemacht

WARUM BIST DU EIN **GLÜCKSKIND?**

_____
_____
_____
_____
_____

WAS IST DIR HEUTE **GUT GELUNGEN?** WAS SIND DEINE HEUTIGEN **ERFOLGE?** WORAUF BIST DU **STOLZ?**

_____
_____
_____
_____
_____

WAS HAST DU HEUTE **NEUES GELERNT, VERBESSERT, ERKANNT, BEOBACHTET, TRANSFORMIERT** ODER **LOSGELASSEN?**

_____
_____
_____
_____
_____

WAS HAST DU HEUTE **GUTES FÜR DICH** GETAN UND WAS HAST DU HEUTE **GUTES FÜR ANDERE** GETAN?

_____
_____
_____
_____
_____

FREITAG . .20

MORGENS

WAS IST DEIN **HEUTIGER TAGESFOKUS?**
Worauf musst Du dich heute fokussieren um die größtmögliche positive Veränderung in Bezug auf Dein Selbstmarketing zu erzielen?

THE **ONE THING TO DO?**
Welche eine Sache musst Du heute unbedingt erledigen? Was ist die eine Aufgabe, welche Du erledigt haben MUSST, bevor Du Dir erlaubst, schlafen zu gehen? Erledige diesen To-Do-Punkt am besten sofort morgens (Eat the frog in the morning)!

WIEDERHOLE DEIN **WOCHENZIEL**
Wiederholung ist die Mutter der Meisterschaft! Schreibe deswegen jeden Tag Dein Wochenziel auf, bis Du es erreicht hast und sobald Du es erreicht hast, feierst Du Dich jeden Tag dafür und schreibst auf, was für ein gailer Macher / gaile Macherin Du bist!

WORAUF FREUST DU DICH HEUTE?

WOFÜR KANNST DU HEUTE DANKBAR SEIN?

WAS KANNST DU HEUTE DAFÜR TUN, UM DEINEM WOCHENZIEL NÄHER ZU KOMMEN?

CHECKLISTE TAGESAUFGABEN
- ☐ Erstelle Listen mit Problemen, die Du für andere Menschen löst
- ☐ _____
- ☐ _____
- ☐ _____
- ☐ _____

Optimierung Deines Selbstmarketings — DAMIAN **RICHTER**

TERMINE	AUFGABEN
06.00	06.00
07.00	07.00
08.00	08.00
08.30	08.30
09.00	09.00
09.30	09.30
10.00	10.00
10.30	10.30
11.00	11.00
11.30	11.30
12.00	12.00
12.30	12.30
13.00	13.00
13.30	13.30
14.00	14.00
14.30	14.30
15.00	15.00
15.30	15.30
16.00	16.00
16.30	16.30
17.00	17.00
17.30	17.30
18.00	18.00
19.00	19.00
20.00	20.00
21.00	21.00
22.00	22.00
22.00	22.00
23.00	23.00

MACH'S EINFACH, DENN DU BIST VIEL GRÖSSER ALS DU DENKST!

WERDE ZUM PROBLEMLÖSER!

Auf der MARKETING MASTERCLASS haben wir darüber gesprochen, dass Du zum Problem-LÖSER werden musst! Inwieweit löst Du bereits jetzt die Probleme und Herausforderungen anderer Menschen? Wo gibst Du Tipps und Hilfestellungen? In welchen Gebieten kennst Du Dich gut oder sogar herausragend aus? Und kommuniziert Du diese auch?

Werde Dir Deiner Fähigkeit Probleme zu lösen heute noch mal richtig bewusst. Beantworte dazu die folgenden Fragen.

WELCHE WEITEREN PROBLEME LÖST DU NOCH FÜR DEINE (POTENZIELLEN) KUNDEN UND FANS? WIE UND WANN SPRICHST DU ÜBER DIESE LÖSUNGEN?

_____
_____
_____
_____
_____
_____
_____
_____
_____
_____
_____

WELCHE PROBLEME LÖST DU FÜR DEINE ARBEITSKOLLEGEN, DEINEN CHEF ODER DEINE MITARBEITER? WIE UND WANN SPRICHST DU ÜBER DIESE LÖSUNGEN?

_____
_____
_____
_____
_____
_____
_____
_____
_____
_____
_____

Optimierung Deines Selbstmarketings DAMIAN **RICHTER**

WELCHE PROBLEME LÖST DU FÜR DEINE **FREUNDE** UND **BEKANNTE?** WIE UND WANN SPRICHST DU ÜBER DIESE LÖSUNGEN?

WELCHE PROBLEME LÖST DU FÜR DEINE **KINDER**, DEINEN **PARTNER/PARTNERIN** ODER DEINE **ELTERN?** WIE UND WANN SPRICHST DU ÜBER DIESE LÖSUNGEN?

MACH'S EINFACH, DENN DU BIST VIEL GRÖSSER ALS DU DENKST!

WAS SIND DEINE **WICHTIGSTEN ERKENNTNISSE** AUS DIESER ÜBUNG?

Optimierung Deines Selbstmarketings   DAMIAN **RICHTER**

ABENDS

- [ ] **WARUM - CHALLENGE**
- [ ] **INSTAGRAM** - MIND. DREI STORYS & EIN BEITRAG ODER IG-TV GEPOSTET
- [ ] **ETWAS GUTES GETAN UND DARÜBER GESPROCHEN** (Z.B. IN EINER STORY, E-MAIL ODER BEITRAG)
- [ ] **FACEBOOK** EIN BEITRAG VERÖFFENTLICHT

CHECKLISTE

- [ ] Marketingwissen erweitert
- [ ] Klarheit geschaffen
- [ ] Ziele & Aufgaben erreicht
- [ ] Ergebnisse produziert
- [ ] Probleme gelöst
- [ ] meinem Wochenziel näher gekommen
- [ ] wie ein Überflieger gehandelt
- [ ] mehr an Wert in das Leben anderer Menschen getragen
- [ ] auf mein Herz gehört
- [ ] Komfortzone verlassen
- [ ] einen Moment der Stille gegönnt
- [ ] mir gesagt, wie liebenswert und wertvoll ich bin
- [ ] jemandem eine Freude bereitet
- [ ] auf den Fluss des Lebens vertraut
- [ ] etwas Gutes, Nahrhaftes gegessen
- [ ] Sport gemacht

WARUM BIST DU EIN **GLÜCKSKIND?**

_____
_____
_____
_____
_____

WAS IST DIR HEUTE **GUT GELUNGEN?** WAS SIND DEINE HEUTIGEN **ERFOLGE?** WORAUF BIST DU **STOLZ?**

_____
_____
_____
_____
_____

WAS HAST DU HEUTE **NEUES GELERNT, VERBESSERT, ERKANNT, BEOBACHTET, TRANSFORMIERT** ODER **LOSGELASSEN?**

_____
_____
_____
_____
_____

WAS HAST DU HEUTE **GUTES FÜR DICH** GETAN UND WAS HAST DU HEUTE **GUTES FÜR ANDERE** GETAN?

_____
_____
_____
_____
_____

SAMSTAG . .20

MORGENS

WAS IST DEIN HEUTIGER TAGESFOKUS?
Worauf musst Du dich heute fokussieren um die größtmögliche positive Veränderung in Bezug auf Dein Selbstmarketing zu erzielen?

THE ONE THING TO DO?
Welche eine Sache musst Du heute unbedingt erledigen? Was ist die eine Aufgabe, welche Du erledigt haben MUSST, bevor Du Dir erlaubst, schlafen zu gehen? Erledige diesen To-Do-Punkt am besten sofort morgens (Eat the frog in the morning)!

WIEDERHOLE DEIN WOCHENZIEL
Wiederholung ist die Mutter der Meisterschaft! Schreibe deswegen jeden Tag Dein Wochenziel auf, bis Du es erreicht hast und sobald Du es erreicht hast, feierst Du Dich jeden Tag dafür und schreibst auf, was für ein gailer Macher / gaile Macherin Du bist!

___

WORAUF FREUST DU DICH HEUTE?

___

WOFÜR KANNST DU HEUTE DANKBAR SEIN?

___

WAS KANNST DU HEUTE DAFÜR TUN, UM DEINEM WOCHENZIEL NÄHER ZU KOMMEN?

___

CHECKLISTE TAGESAUFGABEN
- ☐ Trainiere heute ganz bewusst Deine wertorientierte Kommunikation
- ☐ Beantworte alle Fragen der Problemlösungs- und Erfolgs-Checkliste
- ☐ ___
- ☐ ___
- ☐ ___

Optimierung Deines Selbstmarketings

DAMIAN **RICHTER**

TERMINE	**AUFGABEN**

06.00	06.00
07.00	07.00
08.00	08.00
08.30	08.30
09.00	09.00
09.30	09.30
10.00	10.00
10.30	10.30
11.00	11.00
11.30	11.30
12.00	12.00
12.30	12.30
13.00	13.00
13.30	13.30
14.00	14.00
14.30	14.30
15.00	15.00
15.30	15.30
16.00	16.00
16.30	16.30
17.00	17.00
17.30	17.30
18.00	18.00
19.00	19.00
20.00	20.00
21.00	21.00
22.00	22.00
22.00	22.00
23.00	23.00

MACH'S EINFACH, DENN DU BIST VIEL GRÖSSER ALS DU DENKST!

TRAINIERE DEINE WERTORIENTIERTE KOMMUNIKATION

Ich habe eine Frage an Dich. Woher kommt Dein Geld? Es kommt nicht vom Geldautomaten, falls Dir das gerade in den Sinn kam. Geld kommt IMMER von anderen Menschen. Von anderen was…?

Daraus lässt sich folgende Regel ableiten: Dein Einkommen steigt in dem Maße, in dem Du zum einen die Beziehung zu anderen Menschen meisterst und zum anderen den Wert Deiner Leistung so kommunizierst, dass Dein Gegenüber das Gefühl hat, ein echtes Schnäppchen zu machen.

Zu Punkt Eins empfehle ich Dir ganz klar das Buch von Dale Carnegie „Wie man Freunde gewinnt". Dieses Buch ist ein absolutes MUSS, wenn Du im Leben erfolgreich sein möchtest. Beginne noch heute damit, ein paar Seiten aus diesem Buch zu lesen. Solltest Du das Buch noch nicht Zuhause haben, bestelle es JETZT. Nicht gleich, sondern jetzt. Lies dieses Buch so oft, bis Du den Inhalt verinnerlicht hast und gar nicht mehr anders kannst, als danach zu leben.

Der Schlüssel zu Punkt zwei lautet: Trainiere Deine wertorientierte Kommunikation!

Dass andere Menschen das Gefühl haben, mit Deiner Dienstleistung oder Deinem Produkt ein absolutes Schnäppchen gemacht zu haben, unabhängig welchen Preis Du aufrufst, ist Training. Du musst Dich darin trainieren den Wert, den Dein Kunde von Deiner Lösung hat, zu kommunizieren!

WIE GENAU SIEHT DAS PROBLEM DEINES KUNDEN AUS, FÜR DAS DU DIE LÖSUNG HAST?

_____
_____
_____

WIE BESCHREIBST DU IM DETAIL **DIE PERSON,** DIE DIESES PROBLEM HAT?

_____
_____
_____

WIE FÜHLT ES SICH AN DIESES PROBLEM ZU HABEN?

_____
_____
_____
_____

Optimierung Deines Selbstmarketings DAMIAN **RICHTER**

WIE WÜRDEST DU DIE PROBLEME DEINER KUNDEN MIT **EIGENEN WORTEN BESCHREIBEN?**

WIE KANNST DU DEINEM KUNDEN DIE **DRAMATISCHEN KONSEQUENZEN** VOR AUGEN FÜHREN, WENN ER JETZT NICHT IN DIE UMSETZUNG KOMMT?

WAS SIND DIE **BESONDERHEITEN** UND **VORTEILE** DEINER LÖSUNG UND WOMIT GRENZT SIE SICH VON DER LÖSUNG VON MITBEWERBERN AB?

MIT WELCHEN **ERFOLGSSTORYS** UND **STATISTIKEN** KANNST DU DEINE BEHAUPTUNGEN BEKRÄFTIGEN?

WAS MUSST DU TUN, UM DICH IN EINER **EINZIGARTIGEN VERKAUFSPOSTITION** ZU BEFINDEN?

WIE KANNST DU SCHNELL **DEINE GLAUBWÜRDIGKEIT** ETABLIEREN?

MACH'S EINFACH, DENN DU BIST VIEL GRÖSSER ALS DU DENKST!

WIE ERZÄHLST DU AUF **ERGREIFENDE ART UND WEISE** WARUM DU IN DIESEM GESCHÄFT BIST?

WAS IST DEIN **VORAUSSCHAUENDER ZUGANG** ZU DEN EMOTIONEN, UM DEINE KUNDEN ZUM KAUF / AUFTRAG ZU VERLEITEN?

WENN DU MÖCHTEST DAS MENSCHEN SICH BEWEGEN, MUSST **DU** SIE BEWEGEN. WAS ALSO WIRST DU TUN, UM ANDERE MENSCHEN ZU **BEWEGEN?**

WIE GENAU ERKLÄRST DU ANDEREN MENSCHEN WIE SIE MIT DIR ARBEITEN ODER DEIN PRODUKT KAUFEN KÖNNEN? WELCHE **KONKRETEN SCHRITTE** SOLLEN DEINE KUNDEN GEHEN?

WIE KANNST DU DIE GENANNTEN FRAGEN IN **5 MINUTEN** SO BEANTWORTEN, DASS DEIN KUNDE DAS GEFÜHL HAT, DASS DEINE LÖSUNG **UNBEZAHLBAR** WERTVOLL IST UND ER BZW. SIE DIESE UNBEDINGT **HABEN MUSS?**

Optimierung Deines Selbstmarketings   DAMIAN **RICHTER**

ABENDS

☐ **WARUM - CHALLENGE**

☐ **INSTAGRAM** - MIND. DREI STORYS & EIN BEITRAG ODER IG-TV GEPOSTET

☐ **ETWAS GUTES GETAN UND DARÜBER GESPROCHEN** (Z.B. IN EINER STORY, E-MAIL ODER BEITRAG)

☐ **FACEBOOK** EIN BEITRAG VERÖFFENTLICHT

CHECKLISTE

☐ Marketingwissen erweitert
☐ Klarheit geschaffen
☐ Ziele & Aufgaben erreicht
☐ Ergebnisse produziert
☐ Probleme gelöst
☐ meinem Wochenziel näher gekommen
☐ wie ein Überflieger gehandelt
☐ mehr an Wert in das Leben anderer Menschen getragen

☐ auf mein Herz gehört
☐ Komfortzone verlassen
☐ einen Moment der Stille gegönnt
☐ mir gesagt, wie liebenswert und wertvoll ich bin
☐ jemandem eine Freude bereitet
☐ auf den Fluss des Lebens vertraut
☐ etwas Gutes, Nahrhaftes gegessen
☐ Sport gemacht

WARUM BIST DU EIN **GLÜCKSKIND?**
_____
_____
_____
_____
_____

WAS IST DIR HEUTE **GUT GELUNGEN?** WAS SIND DEINE HEUTIGEN **ERFOLGE?** WORAUF BIST DU **STOLZ?**
_____
_____
_____
_____
_____

WAS HAST DU HEUTE **NEUES GELERNT, VERBESSERT, ERKANNT, BEOBACHTET, TRANSFORMIERT** ODER **LOSGELASSEN?**
_____
_____
_____
_____
_____

WAS HAST DU HEUTE **GUTES FÜR DICH** GETAN UND WAS HAST DU HEUTE **GUTES FÜR ANDERE** GETAN?
_____
_____
_____
_____
_____

SONNTAG . .20

MORGENS

WAS IST DEIN **HEUTIGER TAGESFOKUS?**
Worauf musst Du dich heute fokussieren um die größtmögliche positive Veränderung in Bezug auf Dein Selbstmarketing zu erzielen?

THE **ONE THING TO DO?**
Welche eine Sache musst Du heute unbedingt erledigen? Was ist die eine Aufgabe, welche Du erledigt haben MUSST, bevor Du Dir erlaubst, schlafen zu gehen? Erledige diesen To-Do-Punkt am besten sofort morgens (Eat the frog in the morning)!

WIEDERHOLE DEIN **WOCHENZIEL**

Wiederholung ist die Mutter der Meisterschaft! Schreibe deswegen jeden Tag Dein Wochenziel auf, bis Du es erreicht hast und sobald Du es erreicht hast, feierst Du Dich jeden Tag dafür und schreibst auf, was für ein gailer Macher / gaile Macherin Du bist!

WORAUF FREUST DU DICH HEUTE?

WOFÜR KANNST DU HEUTE DANKBAR SEIN?

WAS KANNST DU HEUTE DAFÜR TUN, UM DEINEM WOCHENZIEL NÄHER ZU KOMMEN?

CHECKLISTE TAGESAUFGABEN
- [ ] Wochenrückblick
- [ ] Zeit für mich
- [ ] Qualitativ hochwertige Zeit für Familie und Freunde
- [ ] _____
- [ ] _____

Optimierung Deines Selbstmarketings

DAMIAN **RICHTER**

TERMINE	**AUFGABEN**
06.00	06.00
07.00	07.00
08.00	08.00
08.30	08.30
09.00	09.00
09.30	09.30
10.00	10.00
10.30	10.30
11.00	11.00
11.30	11.30
12.00	12.00
12.30	12.30
13.00	13.00
13.30	13.30
14.00	14.00
14.30	14.30
15.00	15.00
15.30	15.30
16.00	16.00
16.30	16.30
17.00	17.00
17.30	17.30
18.00	18.00
19.00	19.00
20.00	20.00
21.00	21.00
22.00	22.00
22.00	22.00
23.00	23.00

MACH´S EINFACH, DENN DU BIST VIEL GRÖSSER ALS DU DENKST!

WOCHENRÜCKBLICK

HAST DU DEIN WOCHENZIEL ERREICHT? ☐ JA   ☐ NEIN

Wenn „Ja" - GROSSARTIG! Wenn „Nein" reflektiere, warum Du Dein Ziel nicht erreicht hast. Hast Du Dich vom Alltag ablenken lassen? Hast Du Dich oft genug mit Deinem WARUM verbunden und ist es für Dich stark und groß genug? Was kannst Du nächste Woche anders machen, um Dein Ziel zu erreichen?

_____
_____
_____

WAS IST DEINE GRÖSSTE ERKENNTNIS DIESE WOCHE?

_____
_____
_____
_____
_____

WIE FÜHLST DU DICH BZW. WAS WAR DIESE WOCHE DEIN PRIMÄRER GEFÜHLSZUSTAND IN BEZUG AUF...?

☹ ☹ 😐 🙂 😊   ☹ ☹ 😐 🙂 😊   ☹ ☹ 😐 🙂 😊   ☹ ☹ 😐 🙂 😊

Deine Erfolge und Deine Ergebnisse?   Deine Energie und Deine klare Ausrichtung?   Deine privaten Beziehungen?   Deinen Selbstwert und Deine Selbstliebe?

WELCHE FRAGEN MUSST DU DIR STELLEN, UM DICH NOCH BESSER ZU FÜHLEN? WIE LEBST DU KUNEV KONKRET?

_____
_____
_____
_____

Optimierung Deines Selbstmarketings — DAMIAN **RICHTER**

ABENDS

- [ ] **WARUM - CHALLENGE**
- [ ] **INSTAGRAM** - MIND. DREI STORYS & EIN BEITRAG ODER IG-TV GEPOSTET
- [ ] **ETWAS GUTES GETAN UND DARÜBER GESPROCHEN** (Z.B. IN EINER STORY, E-MAIL ODER BEITRAG)
- [ ] **FACEBOOK** EIN BEITRAG VERÖFFENTLICHT

CHECKLISTE

- [ ] Marketingwissen erweitert
- [ ] Klarheit geschaffen
- [ ] Ziele & Aufgaben erreicht
- [ ] Ergebnisse produziert
- [ ] Probleme gelöst
- [ ] meinem Wochenziel näher gekommen
- [ ] wie ein Überflieger gehandelt
- [ ] mehr an Wert in das Leben anderer Menschen getragen
- [ ] auf mein Herz gehört
- [ ] Komfortzone verlassen
- [ ] einen Moment der Stille gegönnt
- [ ] mir gesagt, wie liebenswert und wertvoll ich bin
- [ ] jemandem eine Freude bereitet
- [ ] auf den Fluss des Lebens vertraut
- [ ] etwas Gutes, Nahrhaftes gegessen
- [ ] Sport gemacht

WARUM BIST DU EIN **GLÜCKSKIND?**

_____
_____
_____
_____
_____

WAS IST DIR HEUTE **GUT GELUNGEN?** WAS SIND DEINE HEUTIGEN **ERFOLGE?** WORAUF BIST DU **STOLZ?**

_____
_____
_____
_____
_____

WAS HAST DU HEUTE **NEUES GELERNT, VERBESSERT, ERKANNT, BEOBACHTET, TRANSFORMIERT** ODER **LOSGELASSEN?**

_____
_____
_____
_____
_____

WAS HAST DU HEUTE **GUTES FÜR DICH** GETAN UND WAS HAST DU HEUTE **GUTES FÜR ANDERE** GETAN?

_____
_____
_____
_____
_____

RAUM FÜR **NOTIZEN**

DAMIAN RICHTER

RAUM FÜR NOTIZEN

DAMIAN **RICHTER**

4. Woche Funnel & Sales

Schau Dir jetzt das **BONUS-VIDEO** zur Vertiefung und Erweiterung Deines **Verkaufswissens** an!

https://damian-richter.com/marketing-erfolgs-manager/funnel-und-sales

WAS DICH DIESE WOCHE ERWARTET...

Unglaublich - Du hast es fast geschafft! Denn immerhin befinden wir uns heute kurz vor der Ziellinie - in sieben Tagen ist unsere vierwöchige gemeinsame Marketing-Zeit schon Geschichte! Doch nach diesen sieben Tagen erwartet Dich die größte Überraschung aller Zeiten, Du darfst also schon ganz gespannt sein (und auf gar keinen Fall vorblättern!!). In unserer letzten Woche widmen wir uns der **Königsdisziplin** des Marketings - und zwar des Verkaufs. Alles andere, was wir bisher gemacht haben, war die Vorbereitung, sozusagen das Samen säen. Nun werden wir ernten - aber wie!

Die meisten Menschen und Unternehmer, die ich kenne, haben eine große Herausforderung mit dem Verkaufen. Dabei haben sie noch nicht verstanden, dass der Verkauf das **größte Geschenk** ist, das sie ihrem Kunden machen können… Denn stell Dir einmal vor, dass Du Fan einer Band namens „DELEASE" bist. Du liebst diese Band abgöttisch und tanzt zu jedem Song, der von dieser Band im Radio läuft mit. Du kennst alle Texte und wünschst Dir nichts sehnlicher, als Dir die Platte und Konzerttickets zu kaufen, um diese Band auch nur ein einziges Mal in Deinem Leben live mitzuerleben. Doch besagte Band sagt sich: NÖ! Wir wollen keine Verkäufer sein - und nimmt Dir damit die Möglichkeit, einen der magischsten Momente Deines Lebens zu erleben. Wie würdest Du Dich in diesem Moment fühlen!?

Richtig! Total beschissen! Wenn Du ein wunderbares Produkt hast, muss es in die Welt hinaus, denn verkaufst Du nicht, ist das ein Strafbestand! Ja, richtig gelesen! Denn nicht zu verkaufen ist **unterlassene Hilfeleistung!** Schließlich löst Du mit Deinem Produkt ja ein Problem - und ohne zu verkaufen (oder ohne GUT zu verkaufen) werden die Menschen niemals diese Lösung kennenlernen.

Wie Verkaufen funktioniert, erfährst Du auf den folgenden Seiten! Bring Dich wieder voll ein und genieße den Prozess - ich wünsche Dir viel Spaß!

Aboniere mich auf **YouTube**, für noch mehr wertvolle Impulse, Strategien und Tools für **Dein Erfolgsmindset** und ein Blick hinter die Kulissen!

DAMIAN RICHER

FOKUS DER WOCHE Funnels & Sales

Plane Deine Woche im Voraus. Plane in dieser Woche eine **konkrete Aktion** bzw. **Verkauf** ein. Denke dabei auch an die **Vor- und Nachbereitung.**

Richte Deine Marketing-Aktivitäten und Wissensaufbau auf diesen Verkauf aus.

Berücksichtige bei Deiner Planung wieder wichtige Termine sowie ein klein wenig Zeit für Dich.

WOCHENZIEL

Welches Ziel wirst Du Ende dieser Woche in Bezug auf Deinen Funnel oder Verkauf erreicht haben?
(Beachte dabei die zehn goldenen Regeln richtiger Zielformulierung! a. S. 21)

_____
_____
_____
_____

MO	DI	MI
06	06	06
07	07	07
08	08	08
09	09	09
10	10	10
11	11	11
12	12	12
13	13	13
14	14	14
15	15	15
16	16	16
17	17	17
18	18	18
19	19	19
20	20	20
21	21	21
22	22	22
22	22	22
23	23	23

WELCHES WISSEN ODER **FÄHIGKEITEN** BRAUCHE ICH NOCH, DAMIT ANDERE MENSCHEN „JA" ZU MIR SAGEN KÖNNEN?

_____
_____
_____
_____
_____

WELCHE **NEUEN GEWOHNHEITEN** & **STANDARDS** MUSS ICH ETABLIEREN, UM MEINE KUNDEN BZW. DIE MENSCHEN IN MEINER UMGEBUNG ZU **ECHTEN FANS** ZU MACHEN?

_____
_____
_____
_____
_____

4. WOCHE

DAMIAN **RICHTER**

DO	**FR**	**SA**	**SO**
06	06	06	06
07	07	07	07
08	08	08	08
09	09	09	09
10	10	10	10
11	11	11	11
12	12	12	12
13	13	13	13
14	14	14	14
15	15	15	15
16	16	16	16
17	17	17	17
18	18	18	18
19	19	19	19
20	20	20	20
21	21	21	21
22	22	22	22
22	22	22	22
23	23	23	23

WARUM IST ES **WICHTIG**, DASS ICH MICH MIT **DER KUNST DES VERKAUFENS** AUSEINANDERSETZE?

WIE WERDE ICH DIESE WOCHE IN DIE **UMSETZUNG** KOMMEN UND WAS WERDE ICH **KONKRET TUN**, UM **ECHTE FANS** ZU GEWINNEN?

MONTAG . .20

MORGENS

WAS IST DEIN **HEUTIGER TAGESFOKUS?**
Worauf musst Du dich heute fokussieren um die größtmögliche positive Veränderung in Bezug auf Deine Verkaufsabschlüsse erreichen?

THE **ONE THING TO DO?**
Welche eine Sache musst Du heute unbedingt erledigen? Was ist die eine Aufgabe, welche Du erledigt haben MUSST, bevor Du Dir erlaubst, schlafen zu gehen? Erledige diesen to Do Punkt am besten sofort morgens (Eat the frog in the morning)!

WIEDERHOLE DEIN **WOCHENZIEL**
Wiederholung ist die Mutter der Meisterschaft! Schreibe deswegen jeden Tag Dein Wochenziel auf, bis Du es erreicht hast und sobald Du es erreicht hast, feierst Du Dich jeden Tag dafür und schreibst auf, was für ein gailer Macher / gaile Macherin Du bist!

_____
_____
_____

WORAUF **FREUST** DU DICH HEUTE?

WOFÜR KANNST DU HEUTE **DANKBAR** SEIN?

WAS KANNST DU HEUTE DAFÜR **TUN**, UM DEINEM **WOCHENZIEL NÄHER** ZU KOMMEN?

CHECKLISTE **TAGESAUFGABEN**
☐ Übe Dein unwiderstehliches Angebot
☐ _____
☐ _____
☐ _____
☐ _____
☐ _____

Funnels & Sales

DAMIAN **RICHTER**

TERMINE	**AUFGABEN**

TERMINE	AUFGABEN
06.00	06.00
07.00	07.00
08.00	08.00
08.30	08.30
09.00	09.00
09.30	09.30
10.00	10.00
10.30	10.30
11.00	11.00
11.30	11.30
12.00	12.00
12.30	12.30
13.00	13.00
13.30	13.30
14.00	14.00
14.30	14.30
15.00	15.00
15.30	15.30
16.00	16.00
16.30	16.30
17.00	17.00
17.30	17.30
18.00	18.00
19.00	19.00
20.00	20.00
21.00	21.00
22.00	22.00
22.00	22.00
23.00	23.00

MACH´S EINFACH, DENN DU BIST VIEL GRÖSSER ALS DU DENKST!

DEIN **UNWIDERSTEHLICHES ANGEBOT**

In der vierten und letzten Woche dreht sich in diesem Buch alles um das Thema „Funnel und Sales" - sprich um den Verkauf! Diese Woche wird Dir sozusagen der Weg zur Marketing-Meisterschaft bereitet. Das Ziel für diese Woche ist es, einen Produkt Launch bzw. eine konkrete Aktion umzusetzen und damit Verkäufe abzuschließen. Dein konkretes (Verkaufs-) Ziel hast Du Dir hoffentlich bereits auf der Wochenübersicht notiert, falls nicht: hole das jetzt direkt nach!

Richte diese Woche alle Marketingaktivitäten auf Deinen Verkauf bzw. Deine Aktion aus. Bestimme ein konkretes Datum für den Launch und kommuniziere ihn so oft wie möglich. Gib Deinen Interessenten und Kunden immer wieder ein paar kleine spannende Häppchen, dass Sie das Gefühl haben unbedingt dabei sein zu müssen!

VON WANN BIS WANN LÄUFT DAS ANGEBOT? _____

WIE LAUTET DEIN UNWIDERSTEHLICHES ANGEBOT UND **WAS** BEINHALTET ES?

_____
_____
_____
_____
_____
_____
_____
_____
_____
_____
_____
_____
_____
_____
_____
_____
_____

MIT WELCHER **EMOTIONALEN GESCHICHTE** UND MIT **WELCHEN FRAGEN** ERSCHAFFST DU BEI DEINEN ZUHÖRERN DAS GEFÜHL **DABEI SEIN ZU MÜSSEN?**

MACH'S EINFACH, DENN DU BIST VIEL GRÖSSER ALS DU DENKST!

GIBT ES EIN **EARLY BIRD** ODER ANDERE **STAFFEL-PAKETE** WIE GOLD, SILBER, BRONZE? WENN JA, WIE LAUTEN DIESE KONKRET?

WIE WIRST DU DEN **WERT** UND DIE **INVESTITION KOMMUNIZIEREN?**

Funnels & Sales   DAMIAN **RICHTER**

ABENDS

- [ ] **WARUM - CHALLENGE**
- [ ] **MIND. EINEM POTENZIELLEN KUNDEN DEIN UNWIDERSTEHLICHES ANGEBOT GEMACHT**
- [ ] **INSTAGRAM** - MIND. DREI STORYS & EIN BEITRAG ODER IG-TV GEPOSTET
- [ ] **ETWAS GUTES GETAN UND DARÜBER GESPROCHEN** (Z.B. IN EINER STORY, E-MAIL ODER BEITRAG)
- [ ] **FACEBOOK** EIN BEITRAG VERÖFFENTLICHT

CHECKLISTE

- [ ] Marketingwissen erweitert
- [ ] Klarheit geschaffen
- [ ] Ziele & Aufgaben erreicht
- [ ] Ergebnisse produziert
- [ ] Probleme gelöst
- [ ] meinem Wochenziel näher gekommen
- [ ] wie ein Überflieger gehandelt
- [ ] mehr an Wert in das Leben anderer Menschen getragen
- [ ] auf mein Herz gehört
- [ ] Komfortzone verlassen
- [ ] einen Moment der Stille gegönnt
- [ ] mir gesagt, wie liebenswert und wertvoll ich bin
- [ ] jemandem eine Freude bereitet
- [ ] auf den Fluss des Lebens vertraut
- [ ] etwas Gutes, Nahrhaftes gegessen
- [ ] Sport gemacht

WARUM BIST DU EIN **GLÜCKSKIND?**
_____
_____
_____
_____
_____
_____

WAS IST DIR HEUTE **GUT GELUNGEN?** WAS SIND DEINE HEUTIGEN **ERFOLGE?** WORAUF BIST DU **STOLZ?**
_____
_____
_____
_____
_____

WAS HAST DU HEUTE **NEUES GELERNT, VERBESSERT, ERKANNT, BEOBACHTET, TRANSFORMIERT** ODER **LOSGELASSEN?**
_____
_____
_____
_____
_____

WAS HAST DU HEUTE **GUTES FÜR DICH** GETAN UND WAS HAST DU HEUTE **GUTES FÜR ANDERE** GETAN?
_____
_____
_____
_____
_____

DIENSTAG . .20

MORGENS

WAS IST DEIN **HEUTIGER TAGESFOKUS?**
Worauf musst Du dich heute fokussieren um die größtmögliche positive Veränderung in Bezug auf Deine Verkaufsabschlüsse erreichen?

THE **ONE THING TO DO?**
Welche eine Sache musst Du heute unbedingt erledigen? Was ist die eine Aufgabe, welche Du erledigt haben MUSST, bevor Du Dir erlaubst, schlafen zu gehen? Erledige diesen to Do Punkt am besten sofort morgens (Eat the frog in the morning)!

WIEDERHOLE DEIN **WOCHENZIEL**

Wiederholung ist die Mutter der Meisterschaft! Schreibe deswegen jeden Tag Dein Wochenziel auf, bis Du es erreicht hast und sobald Du es erreicht hast, feierst Du Dich jeden Tag dafür und schreibst auf, was für ein gailer Macher / gaile Macherin Du bist!

WORAUF FREUST DU DICH HEUTE?

WOFÜR KANNST DU HEUTE DANKBAR SEIN?

WAS KANNST DU HEUTE DAFÜR TUN, UM DEINEM WOCHENZIEL NÄHER ZU KOMMEN?

CHECKLISTE TAGESAUFGABEN

- ☐ Fülle Deine Funnel für mindestens drei konkrete Problemlösungen für Deine Kunden aus
- ☐ _____
- ☐ _____
- ☐ _____
- ☐ _____

Funnels & Sales

DAMIAN **RICHTER**

TERMINE	**AUFGABEN**

TERMINE	AUFGABEN
06.00	06.00
07.00	07.00
08.00	08.00
08.30	08.30
09.00	09.00
09.30	09.30
10.00	10.00
10.30	10.30
11.00	11.00
11.30	11.30
12.00	12.00
12.30	12.30
13.00	13.00
13.30	13.30
14.00	14.00
14.30	14.30
15.00	15.00
15.30	15.30
16.00	16.00
16.30	16.30
17.00	17.00
17.30	17.30
18.00	18.00
19.00	19.00
20.00	20.00
21.00	21.00
22.00	22.00
22.00	22.00
23.00	23.00

MACH'S EINFACH, DENN DU BIST VIEL GRÖSSER ALS DU DENKST!

FUNNEL, FUNNEL, FUNNEL

In den vergangenen drei Wochen hast Du in erster Linie Maßnahmen für Dein Frontend umgesetzt, bist sichtbar geworden, hast einen ersten Kontakt zu Interessenten hergestellt und somit wertvolle Kontakte geknüpft. Diese wertvollen Kontakte sollen nun zu Kaufkandidaten werden und in der Folge zu Abschlusskandidaten und schließlich zum Kunden. Diese Kundenkreise lässt sich am besten über die Grafik des Verkaufstrichters abbilden.

Fülle heute die folgenden Verkaufstrichter aus, welche immer wieder zum gleichen Backend Produkt führen sollen. Begib Dich dazu in die Sichtweise Deines Kunden und beginne jeweils mit unterschiedlichen Problemen, welche Deine Zielgruppe hat und Du für sie löst.

Wenn Du beispielsweise ein Online-Fitness-Programm anbietest, könnte ein mögliches Problem für Deine Zielgruppe der Zeitfaktor sein. Sie erzählen sich selbst die Geschichte, keine Zeit zu haben in ein Fitnessstudio zu gehen und durch Dein Online-Programm schaffst Du für sie eine Lösung. Ein zweites Problem könnte sein, dass sich Deine Zielgruppe schämt in ein Fitnessstudio zu gehen, weil sie sich dort beispielsweise beobachtet fühlen. Durch Deinen Online-Kurs bietest Du diesen Menschen eine Anleitung ihre Fitness und ihr Selbstvertrauen gleichermaßen zu steigern. Die beiden Probleme bzw. die Ausgangsgefühle (keine Zeit oder Scham) sind völlig unterschiedlich und genau darin liegt ein gigantischer Schatz verborgen! Denn durch die vorangehenden Übungen zur Problemlösung und wertorientierten Kommunikation hast Du nun die Möglichkeit, Deine Kunden an exakt dem Punkt abzuholen, wo sie gerade stehen.

Plane für die größten Probleme Deiner Zielgruppe einen Funnel. Kreiere Videos, Facebook-Anzeigen, Webinare, Podcast-Folgen, Storys und Beiträge, wo Du Deine Zielgruppe bei ihrer jeweiligen Ausgangslage (bei ihrem Gefühl) abholst und eine Lösung aufzeigst. Notiere Dir in die vier oberen Felder des Frontend konkrete Titel bzw. Überschriften, die auf das jeweilige Ausgangsgefühl abgestimmt sind.

Für das Online-Fitness-Programm könntest Du beispielsweise für das erste Problem „Zeit" in eines der vier Kästchen „Facebook-Anzeige: Keine Zeit für Sport?" notieren und in ein anderes „Webinar: Wie Du trotz Haushalt und Karriere fit bleibst!" schreiben.

Sobald Du die oberen vier Kästchen ausgefüllt hast, machst Du Dir erste Gedanken zu Deinem unwiderstehliches Angebot. Was wirst Du Deinen Interessenten wie anbieten? Und was wird Dein Upsell und was Dein Downsell sein? Und wie soll die Kundenreise weitergehen, sobald jemand auf Dein unwiderstehliches Angebot eingegangen ist? Welche Produkte und Dienstleistungen bietest Du im Backend an?

_____

_____

_____

_____

_____

_____

_____

_____

_____

_____

_____

_____

Funnels & Sales DAMIAN **RICHTER**

ERSTES KUNDENPROBLEM: _____

FRONTEND

DEIN UNWIDERSTEHLICHES ANGEBOT	DEIN UPSELL
	DEIN DOWNSELL

BACKEND

DAS ANGEBOTENE HAUPTPRODUKT

MACH´S EINFACH, DENN DU BIST VIEL GRÖSSER ALS DU DENKST!

ZWEITES KUNDENPROBLEM: _____

FRONTEND

DEIN UNWIDERSTEHLICHES ANGEBOT	DEIN UPSELL
	DEIN DOWNSELL

BACKEND

DAS ANGEBOTENE HAUPTPRODUKT

Funnels & Sales DAMIAN **RICHTER**

DRITTES KUNDENPROBLEM: _____

FRONTEND

DEIN UNWIDERSTEHLICHES ANGEBOT	DEIN UPSELL
	DEIN DOWNSELL

BACKEND

DAS ANGEBOTENE HAUPTPRODUKT

MACH'S EINFACH, DENN DU BIST VIEL GRÖSSER ALS DU DENKST!

VIERTES KUNDENPROBLEM: _____

FRONTEND

DEIN UNWIDERSTEHLICHES ANGEBOT	DEIN UPSELL
	DEIN DOWNSELL

BACKEND

DAS ANGEBOTENE HAUPTPRODUKT

Funnels & Sales   DAMIAN **RICHTER**

ABENDS

- [ ] **WARUM - CHALLENGE**

- [ ] **MIND. EINEM POTENZIELLEN KUNDEN DEIN UNWIDERSTEHLICHES ANGEBOT GEMACHT**

- [ ] **INSTAGRAM** - MIND. DREI STORYS & EIN BEITRAG ODER IG-TV GEPOSTET

- [ ] **ETWAS GUTES GETAN UND DARÜBER GESPROCHEN** (Z.B. IN EINER STORY, E-MAIL ODER BEITRAG)

- [ ] **FACEBOOK** EIN BEITRAG VERÖFFENTLICHT

CHECKLISTE

- [ ] Marketingwissen erweitert
- [ ] Klarheit geschaffen
- [ ] Ziele & Aufgaben erreicht
- [ ] Ergebnisse produziert
- [ ] Probleme gelöst
- [ ] meinem Wochenziel näher gekommen
- [ ] wie ein Überflieger gehandelt
- [ ] mehr an Wert in das Leben anderer Menschen getragen

- [ ] auf mein Herz gehört
- [ ] Komfortzone verlassen
- [ ] einen Moment der Stille gegönnt
- [ ] mir gesagt, wie liebenswert und wertvoll ich bin
- [ ] jemandem eine Freude bereitet
- [ ] auf den Fluss des Lebens vertraut
- [ ] etwas Gutes, Nahrhaftes gegessen
- [ ] Sport gemacht

WARUM BIST DU EIN **GLÜCKSKIND?**
_____
_____
_____
_____
_____

WAS IST DIR HEUTE **GUT GELUNGEN?** WAS SIND DEINE HEUTIGEN **ERFOLGE?** WORAUF BIST DU **STOLZ?**
_____
_____
_____
_____
_____

WAS HAST DU HEUTE **NEUES GELERNT, VERBESSERT, ERKANNT, BEOBACHTET, TRANSFORMIERT** ODER **LOSGELASSEN?**
_____
_____
_____
_____
_____

WAS HAST DU HEUTE **GUTES FÜR DICH** GETAN UND WAS HAST DU HEUTE **GUTES FÜR ANDERE** GETAN?
_____
_____
_____
_____
_____

MITTWOCH   .   .20

MORGENS

WAS IST DEIN HEUTIGER TAGESFOKUS?
Worauf musst Du dich heute fokussieren um die größtmögliche positive Veränderung in Bezug auf Deine Verkaufsabschlüsse erreichen?

THE ONE THING TO DO?
Welche eine Sache musst Du heute unbedingt erledigen? Was ist die eine Aufgabe, welche Du erledigt haben MUSST, bevor Du Dir erlaubst, schlafen zu gehen? Erledige diesen to Do Punkt am besten sofort morgens (Eat the frog in the morning)!

WIEDERHOLE DEIN WOCHENZIEL

Wiederholung ist die Mutter der Meisterschaft! Schreibe deswegen jeden Tag Dein Wochenziel auf, bis Du es erreicht hast und sobald Du es erreicht hast, feierst Du Dich jeden Tag dafür und schreibst auf, was für ein gailer Macher / gaile Macherin Du bist!

___

WORAUF FREUST DU DICH HEUTE?

WOFÜR KANNST DU HEUTE DANKBAR SEIN?

WAS KANNST DU HEUTE DAFÜR TUN, UM DEINEM WOCHENZIEL NÄHER ZU KOMMEN?

CHECKLISTE TAGESAUFGABEN
- [ ] Beginne Deinen Funnel praktisch umzusetzen
- [ ]
- [ ]
- [ ]
- [ ]
- [ ]

Funnels & Sales

DAMIAN **RICHTER**

TERMINE	**AUFGABEN**
06.00	06.00
07.00	07.00
08.00	08.00
08.30	08.30
09.00	09.00
09.30	09.30
10.00	10.00
10.30	10.30
11.00	11.00
11.30	11.30
12.00	12.00
12.30	12.30
13.00	13.00
13.30	13.30
14.00	14.00
14.30	14.30
15.00	15.00
15.30	15.30
16.00	16.00
16.30	16.30
17.00	17.00
17.30	17.30
18.00	18.00
19.00	19.00
20.00	20.00
21.00	21.00
22.00	22.00
22.00	22.00
23.00	23.00

MACH´S EINFACH, DENN DU BIST VIEL GRÖSSER ALS DU DENKST!

AUFBAU EINES CONVERSIONSTARKEN FUNNELS

Bei Deinen Marketing Recherchen ist Dir möglicherweise bereits das Wort Conversion aufgefallen. Eine Conversion ist eine vordefinierte Handlung bzw. Aktion Deines Kunden, die Du mit einer Marketing Kampagne erzielen willst. Das kann ein Kauf sein (Salesfunnel) oder eine Eintragung in einen Newsletter (E-Mail Funnel) oder der Download eines Freebies wie zum Beispiel eines kostenlosen Info PDF´s oder Buchs (Freebie Funnel).

Du kannst für alle möglichen Aktionen sowie Zielgruppen (bzw. deren verschiedenen Probleme) einen eigenen Funnel kreieren.

Jeder Kunde durchläuft bei einem Funnel bzw. der Customers Journey immer **vier Stufen:**

1. der Kunde lernt Dich kennen (z.B. durch Deine Aktivitäten in den sozialen Medien oder eine Anzeige)
2. er / sie findet Gefallen an Dir oder/und Deinem Produkt
3. er / sie baut Vertrauen zu Dir auf (z.B. durch ein Freebie oder kostenloses Webinar)
4. und zu guter Letzt er / sie kauft etwas. (Stichwort: unwiderstehliches Angebot)

Um einen Funnel einzurichten und künftig immer wieder eingehenden Traffic in echte Neukunden zu verwandeln, brauchst Du ein paar Tools und ein wenig Vorbereitungszeit. Die folgenden Elemente und Werkzeuge sollten idealerweise bereitstehen:

- ☐ Budget für Werbeanzeigen oder sehr viel Zeit zur Verbreitung Deines Contents
- ☐ Ein E-Mail-Tool um automatisiert E-Mails zu versenden und welches idealerweise mit Tags arbeitet, zur Unterscheidung der Kundengruppen.
- ☐ Ein Formular zur Registrierung und zum Sammeln von Leads (=qualifizierte Interessenten)
- ☐ Ein Lead Magnet / Freebie (z.B. Whitepaper, E-Book, Gewinnspiel, Test oder ähnliches)
- ☐ Eine oder mehrere Landingpages, z.B. nach dem Klick auf die Anzeige, als Dankeschön nach der Registrierung oder Download.
- ☐ Eine vorgefertigte E-Mail-Sequenz für die eingestellten Kundengruppen, die gekauft bzw. nicht gekauft haben oder vorzeitig abgesprungen sind.

Um den Funnel schnell und unkompliziert **UMZUSETZEN** eignen sich Funnel-Desgin-Tools wie zum Beispiel:

Clickfunnels - Kombiniert Seitengenerierung und komplettes Funneldesign
10minuteFunnels - Einfache Generierung eines kompletten Funnels mit Landingpages, Formularen und Verkaufsseiten
SamCard - Optimal für den schnellen Aufbau von Sales-Funnels
Instapage - Generiert Landingpages und den kompletten Funnel dazu, Analysetools, Heatmap, und A/B-Testings sind schon integriert.
OptimizePress - Plug-in für Wordpress, das viele Vorlagen für Landingpages, aber auch Mitgliederbereiche, Registrierungstools und das Funnel-Design bietet.

All diese Systeme beinhalten bereits bewährte vorgefertigte Designs für Landingpages. Du musst diese also nur noch mit Deinem Inhalt füllen.

BEGINNE NOCH HEUTE DEINEN **FUNNEL PRAKTISCH UMZUSETZEN**, SOFERN DU DAS NICHT BEREITS GETAN HAST. SETZE DICH, FALLS NÖTIG MIT DER **ERSTELLUNG** VON **WEBSITES** UND DEN **FUNNEL-DESIGN-TOOLS** AUSEINANDER. SCHAU DIR DAZU ZUM BEISPIEL VIDEOS AUF YOUTUBE AN UND FRAGE DICH, WER DICH BEI DER ERSTELLUNG NOCH **UNTERSTÜTZEN** KÖNNTE.

Und denk daran: **Fang an, besser werden kannst Du immer noch!**

Vgl. Quelle: Fastlane Marketing GmbH, Marcel Knopf, Berlin, 89 Checklisten für durchschlagenden Online-Marketing-Erfolg!; Seite 39 und 40, 1. Auflage

Funnels & Sales   DAMIAN **RICHTER**

ABENDS

- [ ] **MIND. EINEM POTENZIELLEN KUNDEN DEIN UNWIDERSTEHLICHES ANGEBOT GEMACHT**
- [ ] **ETWAS GUTES GETAN UND DARÜBER GESPROCHEN** (Z.B. IN EINER STORY, E-MAIL ODER BEITRAG)
- [ ] **WARUM - CHALLENGE**
- [ ] **INSTAGRAM** - MIND. DREI STORYS & EIN BEITRAG ODER IG-TV GEPOSTET
- [ ] **FACEBOOK** EIN BEITRAG VERÖFFENTLICHT

CHECKLISTE

- [ ] Marketingwissen erweitert
- [ ] Klarheit geschaffen
- [ ] Ziele & Aufgaben erreicht
- [ ] Ergebnisse produziert
- [ ] Probleme gelöst
- [ ] meinem Wochenziel näher gekommen
- [ ] wie ein Überflieger gehandelt
- [ ] mehr an Wert in das Leben anderer Menschen getragen

- [ ] auf mein Herz gehört
- [ ] Komfortzone verlassen
- [ ] einen Moment der Stille gegönnt
- [ ] mir gesagt, wie liebenswert und wertvoll ich bin
- [ ] jemandem eine Freude bereitet
- [ ] auf den Fluss des Lebens vertraut
- [ ] etwas Gutes, Nahrhaftes gegessen
- [ ] Sport gemacht

WARUM BIST DU EIN **GLÜCKSKIND?**

_____
_____
_____
_____
_____
_____

WAS IST DIR HEUTE **GUT GELUNGEN?** WAS SIND DEINE HEUTIGEN **ERFOLGE?** WORAUF BIST DU **STOLZ?**

_____
_____
_____
_____
_____

WAS HAST DU HEUTE **NEUES GELERNT, VERBESSERT, ERKANNT, BEOBACHTET, TRANSFORMIERT** ODER **LOSGELASSEN?**

_____
_____
_____
_____
_____

WAS HAST DU HEUTE **GUTES FÜR DICH** GETAN UND WAS HAST DU HEUTE **GUTES FÜR ANDERE** GETAN?

_____
_____
_____
_____
_____

DONNERSTAG . .20

MORGENS

WAS IST DEIN **HEUTIGER TAGESFOKUS?**
Worauf musst Du dich heute fokussieren um die größtmögliche positive Veränderung in Bezug auf Deine Verkaufsabschlüsse erreichen?

_____
_____

THE **ONE THING TO DO?**
Welche eine Sache musst Du heute unbedingt erledigen? Was ist die eine Aufgabe, welche Du erledigt haben MUSST, bevor Du Dir erlaubst, schlafen zu gehen? Erledige diesen to Do Punkt am besten sofort morgens (Eat the frog in the morning)!

_____
_____

WIEDERHOLE DEIN **WOCHENZIEL**
Wiederholung ist die Mutter der Meisterschaft! Schreibe deswegen jeden Tag Dein Wochenziel auf, bis Du es erreicht hast und sobald Du es erreicht hast, feierst Du Dich jeden Tag dafür und schreibst auf, was für ein gailer Macher / gaile Macherin Du bist!

_____
_____
_____

WORAUF **FREUST** DU DICH HEUTE?

_____
_____
_____
_____
_____

WOFÜR KANNST DU HEUTE **DANKBAR** SEIN?

_____
_____
_____
_____
_____

WAS KANNST DU HEUTE DAFÜR **TUN**, UM DEINEM **WOCHENZIEL NÄHER** ZU KOMMEN?

_____
_____
_____
_____
_____

CHECKLISTE **TAGESAUFGABEN**

☐ Funnelpraxis - komm in die Umsetzung!
☐ _____
☐ _____
☐ _____
☐ _____
☐ _____

Funnels & Sales

DAMIAN **RICHTER**

TERMINE	**AUFGABEN**

06.00 —————————————— 06.00 ——————————————
07.00 —————————————— 07.00 ——————————————
08.00 —————————————— 08.00 ——————————————
08.30 —————————————— 08.30 ——————————————
09.00 —————————————— 09.00 ——————————————
09.30 —————————————— 09.30 ——————————————
10.00 —————————————— 10.00 ——————————————
10.30 —————————————— 10.30 ——————————————
11.00 —————————————— 11.00 ——————————————
11.30 —————————————— 11.30 ——————————————
12.00 —————————————— 12.00 ——————————————
12.30 —————————————— 12.30 ——————————————
13.00 —————————————— 13.00 ——————————————
13.30 —————————————— 13.30 ——————————————
14.00 —————————————— 14.00 ——————————————
14.30 —————————————— 14.30 ——————————————
15.00 —————————————— 15.00 ——————————————
15.30 —————————————— 15.30 ——————————————
16.00 —————————————— 16.00 ——————————————
16.30 —————————————— 16.30 ——————————————
17.00 —————————————— 17.00 ——————————————
17.30 —————————————— 17.30 ——————————————
18.00 —————————————— 18.00 ——————————————
19.00 —————————————— 19.00 ——————————————
20.00 —————————————— 20.00 ——————————————
21.00 —————————————— 21.00 ——————————————
22.00 —————————————— 22.00 ——————————————
22.00 —————————————— 22.00 ——————————————
23.00 —————————————— 23.00 ——————————————

MACH´S EINFACH, DENN DU BIST VIEL GRÖSSER ALS DU DENKST!

FUNNEL PRAXIS

Gestern Theorie - heute Praxis! Komme heute in die **Umsetzung** und drehe Videos und veröffentliche Beiträge für Deine Social Media, in denen Du Deine Zielgruppe bei genau dem Problem / Gefühl abholst, welches sie aktuell haben. Greife dabei auf Deine Erkenntnisse der vergangenen Wochen zurück. Du könntest Deine Interessenten beispielsweise in ein Webinar oder Facebook-Live holen, wo Du am Ende Dein unwiderstehliches Angebot anbietest. Bestimme heute einen Termin und richte Deine Social Media Maßnahmen und Anzeigen darauf aus. Hole Deine Zielgruppe in Deinen Funnel!

Auch heute gilt: **Fang an, besser werden kannst Du!**

RAUM FÜR NOTIZEN

Funnels & Sales | DAMIAN **RICHTER**

ABENDS

- [ ] **MIND. EINEM POTENZIELLEN KUNDEN DEIN UNWIDERSTEHLICHES ANGEBOT GEMACHT**
- [ ] **ETWAS GUTES GETAN UND DARÜBER GESPROCHEN** (Z.B. IN EINER STORY, E-MAIL ODER BEITRAG)
- [ ] **WARUM - CHALLENGE**
- [ ] **INSTAGRAM** - MIND. DREI STORYS & EIN BEITRAG ODER IG-TV GEPOSTET
- [ ] **FACEBOOK** EIN BEITRAG VERÖFFENTLICHT

CHECKLISTE

- [ ] Marketingwissen erweitert
- [ ] Klarheit geschaffen
- [ ] Ziele & Aufgaben erreicht
- [ ] Ergebnisse produziert
- [ ] Probleme gelöst
- [ ] meinem Wochenziel näher gekommen
- [ ] wie ein Überflieger gehandelt
- [ ] mehr an Wert in das Leben anderer Menschen getragen

- [ ] auf mein Herz gehört
- [ ] Komfortzone verlassen
- [ ] einen Moment der Stille gegönnt
- [ ] mir gesagt, wie liebenswert und wertvoll ich bin
- [ ] jemandem eine Freude bereitet
- [ ] auf den Fluss des Lebens vertraut
- [ ] etwas Gutes, Nahrhaftes gegessen
- [ ] Sport gemacht

WARUM BIST DU EIN **GLÜCKSKIND?**
_____
_____
_____
_____
_____
_____

WAS IST DIR HEUTE **GUT GELUNGEN?** WAS SIND DEINE HEUTIGEN **ERFOLGE?** WORAUF BIST DU **STOLZ?**
_____
_____
_____
_____
_____

WAS HAST DU HEUTE **NEUES GELERNT, VERBESSERT, ERKANNT, BEOBACHTET, TRANSFORMIERT** ODER **LOSGELASSEN?**
_____
_____
_____
_____
_____

WAS HAST DU HEUTE **GUTES FÜR DICH** GETAN UND WAS HAST DU HEUTE **GUTES FÜR ANDERE** GETAN?
_____
_____
_____
_____
_____

FREITAG . .20

MORGENS

WAS IST DEIN HEUTIGER TAGESFOKUS?
Worauf musst Du dich heute fokussieren um die größtmögliche positive Veränderung in Bezug auf Deine Verkaufsabschlüsse erreichen?

THE ONE THING TO DO?
Welche eine Sache musst Du heute unbedingt erledigen? Was ist die eine Aufgabe, welche Du erledigt haben MUSST, bevor Du Dir erlaubst, schlafen zu gehen? Erledige diesen to Do Punkt am besten sofort morgens (Eat the frog in the morning)!

WIEDERHOLE DEIN WOCHENZIEL

Wiederholung ist die Mutter der Meisterschaft! Schreibe deswegen jeden Tag Dein Wochenziel auf, bis Du es erreicht hast und sobald Du es erreicht hast, feierst Du Dich jeden Tag dafür und schreibst auf, was für ein gailer Macher / gaile Macherin Du bist!

___

WORAUF FREUST DU DICH HEUTE?

WOFÜR KANNST DU HEUTE DANKBAR SEIN?

WAS KANNST DU HEUTE DAFÜR TUN, UM DEINEM WOCHENZIEL NÄHER ZU KOMMEN?

CHECKLISTE TAGESAUFGABEN

- [ ] Prüfe die Fragen-Checkliste für Community Management und E-Mail-Marketing
- [ ]
- [ ]
- [ ]
- [ ]

Funnels & Sales

DAMIAN **RICHTER**

TERMINE	**AUFGABEN**
06.00	06.00
07.00	07.00
08.00	08.00
08.30	08.30
09.00	09.00
09.30	09.30
10.00	10.00
10.30	10.30
11.00	11.00
11.30	11.30
12.00	12.00
12.30	12.30
13.00	13.00
13.30	13.30
14.00	14.00
14.30	14.30
15.00	15.00
15.30	15.30
16.00	16.00
16.30	16.30
17.00	17.00
17.30	17.30
18.00	18.00
19.00	19.00
20.00	20.00
21.00	21.00
22.00	22.00
22.00	22.00
23.00	23.00

MACH'S EINFACH, DENN DU BIST VIEL GRÖSSER ALS DU DENKST!

MASSNAHMEN ZUR KUNDENBINDUNG - ODER WIE DU FANS GEWINNST?!

In diesem Buch hast Du bereits einige wertvolle Maßnahmen bzw. Impulse zur Gewinnung von echten Fans erhalten - wahr oder wahr? Um von den erreichten Menschen so viele wie möglich zu echten Fans zu machen, ist es elementar wichtig sowohl ein außergewöhnliches Community Management auf den Sozialen Medien, als auch ein sehr wertorientiertes E-Mail-Marketing zu betreiben. Community Management meint, Deine Follower in den Sozialen Medien zu einer aktiven Gemeinschaft zu formen, die sich einbringt, Kommentare schreibt und Deine Inhalte teilt.

Die Königsdisziplin eines jeden Funnels ist es, die Menschen, welche Du bereits erreicht hast zu echten Fans zu machen, die bereit sind, den Weg mit Dir weiterzugehen und ihre Zeit und ihr Geld in Dich zu investieren. Wenn sich also jemand entscheidet, etwas bei Dir zu kaufen, ist dies ein wahnsinniger Vertrauensakt, bei dem Du vor Demut und Dankbarkeit jedes Mal einen Kniefall machen könntest. Sei Dir also der Zeit und des Vertrauens, das Dir ein fremder Mensch schenkt, zu jeder Zeit **vollkommen bewusst.**

Um so viele Menschen wie möglich abzuholen und zu echten Fans zu machen, folgen hier zwei Checklisten: die erste ist für Community Management und die zweite für Dein erfolgreiches E-Mail-Marketing.

FRAGEN-CHECKLISTE FÜR AUSSERGEWÖHNLICHES COMMUNITY-MANAGEMENT

- ☐ Hast Du all Deine Kommentare & Nachrichten auf wertschätzende Art beantwortet und Dich bedankt?
- ☐ Forderst Du Deine Community auf, sich aktiv einzubringen?
- ☐ Bedankst Du Dich intensiv für das Vertrauen und die Zeit, die Dir Deine Community entgegenbringt?
- ☐ Gibst Du ehrliche und aufrichtige Anerkennung?
- ☐ Erweckst Du in den anderen lebhafte Wünsche, Träume und Bedürfnisse?
- ☐ Zeigst Du echtes Interesse an Deinen Kunden und hörst ihnen aufmerksam zu?
- ☐ Lächelst Du und hast Du eine offene Körperhaltung?
- ☐ Nennst Du so oft wie möglich den Namen Deines Kunden?
- ☐ Ermunterst Du Deine Community über sich selbst zu sprechen und sich zu öffnen?
- ☐ Bestärkst Du Deine Community in aufrichtiger Weise zu Selbstbewusstsein?
- ☐ Sprichst Du über Dinge und Themen, die Deine Community wirklich interessieren?
- ☐ Fragst Du Deine Community nach ihren Herausforderungen und Wunsch-Themen?
- ☐ Gibst Du es offen und ehrlich zu, wenn Du Unrecht hast oder etwas nicht weißt?
- ☐ Begibst Du Dich bewusst in die Perspektive Deiner Kunden?
- ☐ Forderst Du Deine Community dazu heraus, über sich hinauszuwachsen?
- ☐ Gibst Du Deinen Kunden aufrichtiges Lob und Anerkennung?
- ☐ Weist Du andere Menschen nur indirekt auf „Fehler" hin, in dem Du ihnen clevere Fragen stellst, die einen Erkenntnisprozess in ihnen in Gang setzen? (Dadurch trainierst Du die Selbstverantwortung Deiner Kunden.)
- ☐ Machst Du Vorschläge anstelle Befehle zu geben?
- ☐ Sprichst Du erst über Deine eigenen Fehler und Misserfolge, ehe Du andere kritisierst?
- ☐ Lobst Du jeden, auch den geringsten Erfolg?
- ☐ Gibst Du anderen Menschen die Möglichkeit ihr Gesicht zu wahren?
- ☐ Gibst Du Deiner Community alles schaffen zu können und dass sie Ihre Herausforderungen spielend leicht lösen können?

FRAGEN-CHECKLISTE FÜR ERFOLGREICHES E-MAIL-MARKETING

- ☐ Nutzt Du ein Programm, welches automatisiert E-Mails versenden kann und wo Du sogenannte Tags zur Kategorisierung vergeben kannst? (z.B. KlickTipp, MailChimp, ActiveCampaign oder Get Response)
- ☐ Hast Du eine E-Mail-Serie für Menschen vorbereitet die a) Dein Produkt gekauft haben und b) nichts gekauft haben und c) die nicht an Deinem Event / Launch oder Webinar teilnehmen konnten?
- ☐ Versendest Du regelmäßige Newsletter-Mails, die einen massiven Mehrwert für Deine Abonnenten darstellen und sie über aktuelle Aktionen und Entwicklungen informieren?
- ☐ Schaffst Du in den E-Mails Nähe und Vertrauen?
- ☐ Kommunizierst Du auf wertorientierte und wertschätzende Art und Weise?
- ☐ Haben Deine Mails einen interessanten Betreff, der zum Lesen einlädt?
- ☐ Forderst Du Deine Leser zu einer Aktion auf? (z.B. Lies Dir jetzt meinen passenden Blogbeitrag durch -> Link zum Artikel; Schau Dir mein neuestes Video an -> Link zum Video)

Funnels & Sales DAMIAN **RICHTER**

ABENDS

- [ ] **MIND. EINEM POTENZIELLEN KUNDEN DEIN UNWIDERSTEHLICHES ANGEBOT GEMACHT**
- [ ] **ETWAS GUTES GETAN UND DARÜBER GESPROCHEN** (Z.B. IN EINER STORY, E-MAIL ODER BEITRAG)
- [ ] **WARUM - CHALLENGE**
- [ ] **INSTAGRAM** - MIND. DREI STORYS & EIN BEITRAG ODER IG-TV GEPOSTET
- [ ] **FACEBOOK** EIN BEITRAG VERÖFFENTLICHT

CHECKLISTE

- [ ] Marketingwissen erweitert
- [ ] Klarheit geschaffen
- [ ] Ziele & Aufgaben erreicht
- [ ] Ergebnisse produziert
- [ ] Probleme gelöst
- [ ] meinem Wochenziel näher gekommen
- [ ] wie ein Überflieger gehandelt
- [ ] mehr an Wert in das Leben anderer Menschen getragen
- [ ] auf mein Herz gehört
- [ ] Komfortzone verlassen
- [ ] einen Moment der Stille gegönnt
- [ ] mir gesagt, wie liebenswert und wertvoll ich bin
- [ ] jemandem eine Freude bereitet
- [ ] auf den Fluss des Lebens vertraut
- [ ] etwas Gutes, Nahrhaftes gegessen
- [ ] Sport gemacht

WARUM BIST DU EIN **GLÜCKSKIND?**
_____
_____
_____
_____
_____

WAS IST DIR HEUTE **GUT GELUNGEN?** WAS SIND DEINE HEUTIGEN **ERFOLGE?** WORAUF BIST DU **STOLZ?**
_____
_____
_____
_____

WAS HAST DU HEUTE **NEUES GELERNT, VERBESSERT, ERKANNT, BEOBACHTET, TRANSFORMIERT** ODER **LOSGELASSEN?**
_____
_____
_____
_____
_____

WAS HAST DU HEUTE **GUTES FÜR DICH** GETAN UND WAS HAST DU HEUTE **GUTES FÜR ANDERE** GETAN?
_____
_____
_____
_____
_____

SAMSTAG   .   .20

MORGENS

WAS IST DEIN **HEUTIGER TAGESFOKUS?**
Worauf musst Du dich heute fokussieren um die größtmögliche positive Veränderung in Bezug auf Deine Verkaufsabschlüsse erreichen?

THE **ONE THING TO DO?**
Welche eine Sache musst Du heute unbedingt erledigen? Was ist die eine Aufgabe, welche Du erledigt haben MUSST, bevor Du Dir erlaubst, schlafen zu gehen? Erledige diesen to Do Punkt am besten sofort morgens (Eat the frog in the morning)!

WIEDERHOLE DEIN **WOCHENZIEL**

Wiederholung ist die Mutter der Meisterschaft! Schreibe deswegen jeden Tag Dein Wochenziel auf, bis Du es erreicht hast und sobald Du es erreicht hast, feierst Du Dich jeden Tag dafür und schreibst auf, was für ein gailer Macher / gaile Macherin Du bist!

WORAUF **FREUST** DU DICH HEUTE?

WOFÜR KANNST DU HEUTE **DANKBAR** SEIN?

WAS KANNST DU HEUTE DAFÜR **TUN**, UM DEINEM **WOCHENZIEL NÄHER** ZU KOMMEN?

CHECKLISTE **TAGESAUFGABEN**
- ☐ Lass die letzten vier Wochen Revue passieren
- ☐ Beginne Dich mit den Punkten der Frage-Checklisten, welche Du bislang noch nicht berücksichtigt hattest, auseinanderzusetzen
- ☐ _____
- ☐ _____
- ☐ _____

Funnels & Sales DAMIAN **RICHTER**

TERMINE	**AUFGABEN**
06.00	06.00
07.00	07.00
08.00	08.00
08.30	08.30
09.00	09.00
09.30	09.30
10.00	10.00
10.30	10.30
11.00	11.00
11.30	11.30
12.00	12.00
12.30	12.30
13.00	13.00
13.30	13.30
14.00	14.00
14.30	14.30
15.00	15.00
15.30	15.30
16.00	16.00
16.30	16.30
17.00	17.00
17.30	17.30
18.00	18.00
19.00	19.00
20.00	20.00
21.00	21.00
22.00	22.00
22.00	22.00
23.00	23.00

MACH'S EINFACH, DENN DU BIST VIEL GRÖSSER ALS DU DENKST!

OPTIMIERUNG DEINER LANDINGPAGE & DEINES GESAMTEN FUNNELS

Die vier Wochen sind nun fast vorbei und Du hast Dir nicht nur neue Gewohnheiten angeeignet, sondern auch Dein Wissen in Bezug auf Marketing auf ein völlig neues Level gehoben! Wo standest Du vor vier Wochen und wo stehst Du bereits jetzt? Und das, was Du gelernt und Dir selbstständig angeeignet hast, ist extrem wertvoll - wahr oder wahr? Ich möchte Dich dazu einladen auch in Zukunft den Rhythmus von Wissensaufbau, Reflexion und KUNEV, Optimierung Deines Selbstmarketings und Verkauf beibehältst.

Denn besonders in Bezug auf Deinen Verkauf, die Landingpages und den Funnel im Allgemeinen ist ein **stetiger Wissensaufbau** sowie **Verbesserung unerlässlich.** Jeder Klick zu viel könnte Dich einen Kunden kosten. Jede Sekunde die Deine Website zu lange lädt, könnte einen Absprung bedeuten.

Plane deswegen in regelmäßigen Abständen (zum Beispiel einmal im Monat) immer wieder ein, Deinen Funnel zu optimieren. Oftmals vernachlässigen wir bereits Bestehendes und fokussieren uns nur auf den Aufbau von etwas Neuem. Deinen Funnel bzw. die Reise Deines Kunden vom ersten Kennenlernen bis zum Kauf, zu vernachlässigen, bedeutet, dass Du die Botschaft in Universum hinaus sendest, das Dir Neukunden nicht so wichtig sind. Willst Du das? Nein! Natürlich Nicht! Deswegen plane auch in Zukunft set's Deine Wochen voraus und blockiere Dir auch weiterhin Zeiten für Wissensaufbau und Optimierungen in Bezug auf Dein Marketing.

Um nicht nur heute, sondern auch in Zukunft **Leitplanken zur Optimierung** Deiner Landingpage und Deines gesamten Funnels bereitzustellen, folgen hier ein paar **clevere Fragen** dazu, welche Du immer wieder wie eine **Checkliste** durchgehen kannst.

LANDINGPAGE

- [ ] Ist das **Conversion-Ziel** klar definiert und die Landingpage daraufhin optimiert?
- [ ] Kann der Kunde mit **einem Blick** erfassen worum es geht und **wo** er **klicken** muss, um zu kaufen bzw. die Conversion zu tätigen?
- [ ] Ist die Seite **Frei von Ablenkungen?**
- [ ] Ist der Aufbau wirklich geeignet um das Produkt optimal zu präsentieren?
- [ ] Gibt es eine **große Überschrift**, die das Interesse zum Kauf anregt?
- [ ] Enthält die Seite mehrere **Call to Actions** mit auffälligen Buttons?
- [ ] Hebt sich die Gestaltung der Call to Action stark von der restlichen Gestaltung ab?
- [ ] Ist die Seite frei von Navigationselementen? (Abgesehen vom Impressum und Datenschutzvereinbarung, was auf jeder Seite Pflicht)
- [ ] Inwieweit lässt sich der **Pagespeed** der Seite noch optimieren?
- [ ] Gibt es eine **Produktvisualisierung?**
- [ ] Kommt der **Nutzen und Vorteil** für den Kunden klar und deutlich raus und werden diese auch grafisch dargestellt?
- [ ] Weiß der Kunde was er vom Produkt zu **erwarten** hat? (Klärung der fünf W-Fragen)
- [ ] Wird der Kunde mit seinem **individuellen Problem** bzw. **Ausgangsemotion abgeholt?**

Funnels & Sales DAMIAN **RICHTER**

- ☐ Gibt es eine Section, die zum **Vertrauensaufbau** dient? (z.B. über Testimonials, Studien, Bewertungsergebnisse über beispielsweise Proven Expert oder andere Erfahrungsberichte)
- ☐ Wird auf der Seite **nähre und vertrauen** zu Dir hergestellt? Stellst Du Dich als Experte vor?
- ☐ Gibt es eine **Verknappung** (zeitlich oder Stückzahl)?

GESAMTER FUNNEL / KUNDENREISE

- ☐ Wird der Kunde während der **gesamten Kundenreise** immer wieder bei **seinem Problem** bzw. bei seinem **Ausgangsgefühl abgeholt?**
- ☐ Gibt es einen **separaten Funnel** mit eigenen Anzeigen & Landingpages für die einzelnen Probleme?
- ☐ Hast Du **verschiedene Anzeigentexte** und **-bilder** probiert?
- ☐ Gibst Du einen **kostenlosen Mehrwert** raus, um **Vertrauen aufzubauen?**
- ☐ Hast Du ein absolut **unwiderstehliches Angebot?**
- ☐ Hast Du ein **Freebie** oder anderes Opt-In um Deine **Mailing-Liste zu erweitern?**
- ☐ Gibt es einen **gestalterischen roten Faden** während der gesamten Kundenreise, damit der Kunde weiß, dass er „richtig" ist?
- ☐ Erweckst Du das Bedürfnis bei Deinem Kunden, das Produkt unbedingt **haben zu müssen?**
- ☐ Gibt es nach dem Kauf, eine Maßnahme um die **Vorfreude auf das Produkt** aufrechtzuerhalten?
- ☐ Hast Du ein **Upsell** und ein **Downsell** angeboten?
- ☐ Gibt es Maßnahmen für jene, welche nicht gekauft haben oder vorzeitig abgesprungen sind, um diese wieder **abzuholen?** (z.B. über Retargeting oder Emails)
- ☐ Sind Deine Sprache und Texte **wertorientiert?**
- ☐ Gibt es ein **Abo** oder **andere Pakete** zur Auswahl?
- ☐ Gibt es eine **Überraschung** für Deinen Kunden?
- ☐ Hast Du alle Vorgänge Deines Kunden **getrackt** (z.B über Facebook Pixel, Google Analytics oder Piwik) um die Kundenreise später **analysieren** und entsprechend **optimieren** zu können?
- ☐ Sind Deine Website und Landingpages für **Suchmaschinen optimiert?** (z.B. über Google Pagespeed, SEM Rush, SEO by Yoast, Google Search Console, Screaming Frog, ubersuggest, …)
- ☐ Führst Du **Splittests** bzw. A/B Tests durch? (z.B. über den Splittest- Confidence-Calculator von Dr. Pete, Klick Tipp oder Google Optimize)

MACH'S EINFACH, DENN **DU** BIST VIEL *GRÖSSER* ALS DU **DENKST!**

WAS SIND DEINE **WICHTIGSTEN ERKENNTNISSE** AUS DEN **LETZTEN VIER WOCHEN?**

Funnels & Sales　　　　　　　　　　　　　　　　　　　　　　　　　　　　DAMIAN **RICHTER**

ABENDS

- [ ] **MIND. EINEM POTENZIELLEN KUNDEN DEIN UNWIDERSTEHLICHES ANGEBOT GEMACHT**
- [ ] **ETWAS GUTES GETAN UND DARÜBER GESPROCHEN** (Z.B. IN EINER STORY, E-MAIL ODER BEITRAG)
- [ ] **WARUM - CHALLENGE**
- [ ] **INSTAGRAM** - MIND. DREI STORYS & EIN BEITRAG ODER IG-TV GEPOSTET
- [ ] **FACEBOOK** EIN BEITRAG VERÖFFENTLICHT

CHECKLISTE

- [ ] Marketingwissen erweitert
- [ ] Klarheit geschaffen
- [ ] Ziele & Aufgaben erreicht
- [ ] Ergebnisse produziert
- [ ] Probleme gelöst
- [ ] meinem Wochenziel näher gekommen
- [ ] wie ein Überflieger gehandelt
- [ ] mehr an Wert in das Leben anderer Menschen getragen
- [ ] auf mein Herz gehört
- [ ] Komfortzone verlassen
- [ ] einen Moment der Stille gegönnt
- [ ] mir gesagt, wie liebenswert und wertvoll ich bin
- [ ] jemandem eine Freude bereitet
- [ ] auf den Fluss des Lebens vertraut
- [ ] etwas Gutes, Nahrhaftes gegessen
- [ ] Sport gemacht

WARUM BIST DU EIN **GLÜCKSKIND?**

_____
_____
_____
_____
_____

WAS IST DIR HEUTE **GUT GELUNGEN?** WAS SIND DEINE HEUTIGEN **ERFOLGE?** WORAUF BIST DU **STOLZ?**

_____
_____
_____
_____
_____

WAS HAST DU HEUTE **NEUES GELERNT, VERBESSERT, ERKANNT, BEOBACHTET, TRANSFORMIERT** ODER **LOSGELASSEN?**

_____
_____
_____
_____
_____

WAS HAST DU HEUTE **GUTES FÜR DICH** GETAN UND WAS HAST DU HEUTE **GUTES FÜR ANDERE** GETAN?

_____
_____
_____
_____
_____

SONNTAG . .20

MORGENS

WAS IST DEIN HEUTIGER TAGESFOKUS?
Worauf musst Du dich heute fokussieren um die größtmögliche positive Veränderung in Bezug auf Deine Verkaufsabschlüsse erreichen?

THE ONE THING TO DO?
Welche eine Sache musst Du heute unbedingt erledigen? Was ist die eine Aufgabe, welche Du erledigt haben MUSST, bevor Du Dir erlaubst, schlafen zu gehen? Erledige diesen to Do Punkt am besten sofort morgens (Eat the frog in the morning)!

WIEDERHOLE DEIN WOCHENZIEL
Wiederholung ist die Mutter der Meisterschaft! Schreibe deswegen jeden Tag Dein Wochenziel auf, bis Du es erreicht hast und sobald Du es erreicht hast, feierst Du Dich jeden Tag dafür und schreibst auf, was für ein gailer Macher / gaile Macherin Du bist!

___

WORAUF **FREUST** DU DICH HEUTE?

WOFÜR KANNST DU HEUTE **DANKBAR** SEIN?

WAS KANNST DU HEUTE DAFÜR **TUN**, UM DEINEM **WOCHENZIEL NÄHER** ZU KOMMEN?

CHECKLISTE **TAGESAUFGABEN**
- [ ] Wochenrückblick
- [ ] Zeit für mich
- [ ] Qualitativ hochwertige Zeit für Familie und Freunde
- [ ] _____
- [ ] _____

Funnels & Sales

DAMIAN **RICHTER**

TERMINE	**AUFGABEN**
06.00	06.00
07.00	07.00
08.00	08.00
08.30	08.30
09.00	09.00
09.30	09.30
10.00	10.00
10.30	10.30
11.00	11.00
11.30	11.30
12.00	12.00
12.30	12.30
13.00	13.00
13.30	13.30
14.00	14.00
14.30	14.30
15.00	15.00
15.30	15.30
16.00	16.00
16.30	16.30
17.00	17.00
17.30	17.30
18.00	18.00
19.00	19.00
20.00	20.00
21.00	21.00
22.00	22.00
22.00	22.00
23.00	23.00

MACH'S EINFACH, DENN DU BIST VIEL GRÖSSER ALS DU DENKST!

WOCHENRÜCKBLICK

HAST DU DEIN **WOCHENZIEL** ERREICHT?   ☐ **JA**   ☐ **NEIN**

Wenn „Ja" - GROSSARTIG! Wenn „Nein" reflektiere, warum Du Dein Ziel nicht erreicht hast. Hast Du Dich vom Alltag ablenken lassen? Hast Du Dich oft genug mit Deinem WARUM verbunden und ist es für Dich stark und groß genug? Was kannst Du nächste Woche anders machen, um Dein Ziel zu erreichen?

_____
_____
_____

WAS IST DEINE **GRÖSSTE ERKENNTNIS** DIESE WOCHE?

_____
_____
_____
_____
_____

WIE **FÜHLST** DU DICH BZW. WAS WAR DIESE WOCHE DEIN **PRIMÄRER GEFÜHLSZUSTAND** IN BEZUG AUF...?

☹ 😕 😐 🙂 😄	☹ 😕 😐 🙂 😄	☹ 😕 😐 🙂 😄	☹ 😕 😐 🙂 😄
Deine Erfolge und Deine Ergebnisse?	Deine Energie und Deine klare Ausrichtung?	Deine beruflichen und privaten Beziehungen?	Deinen Selbstwert und Deine Selbstliebe?

WELCHE FRAGEN MUSST DU DIR STELLEN UM, DICH **NOCH BESSER** ZU FÜHLEN? WIE LEBST DU **KUNEV** KONKRET?

_____
_____
_____
_____
_____

Funnels & Sales DAMIAN **RICHTER**

ABENDS

- [ ] **MIND. EINEM POTENZIELLEN KUNDEN DEIN UNWIDERSTEHLICHES ANGEBOT GEMACHT**
- [ ] **ETWAS GUTES GETAN UND DARÜBER GESPROCHEN** (Z.B. IN EINER STORY, E-MAIL ODER BEITRAG)
- [ ] **WARUM - CHALLENGE**
- [ ] **INSTAGRAM** - MIND. DREI STORYS & EIN BEITRAG ODER IG-TV GEPOSTET
- [ ] **FACEBOOK** EIN BEITRAG VERÖFFENTLICHT

CHECKLISTE

- [ ] Marketingwissen erweitert
- [ ] Klarheit geschaffen
- [ ] Ziele & Aufgaben erreicht
- [ ] Ergebnisse produziert
- [ ] Probleme gelöst
- [ ] meinem Wochenziel näher gekommen
- [ ] wie ein Überflieger gehandelt
- [ ] mehr an Wert in das Leben anderer Menschen getragen

- [ ] auf mein Herz gehört
- [ ] Komfortzone verlassen
- [ ] einen Moment der Stille gegönnt
- [ ] mir gesagt, wie liebenswert und wertvoll ich bin
- [ ] jemandem eine Freude bereitet
- [ ] auf den Fluss des Lebens vertraut
- [ ] etwas Gutes, Nahrhaftes gegessen
- [ ] Sport gemacht

WARUM BIST DU EIN **GLÜCKSKIND?**
_____
_____
_____
_____
_____
_____

WAS IST DIR HEUTE **GUT GELUNGEN?** WAS SIND DEINE HEUTIGEN **ERFOLGE?** WORAUF BIST DU **STOLZ?**
_____
_____
_____
_____
_____

WAS HAST DU HEUTE **NEUES GELERNT, VERBESSERT, ERKANNT, BEOBACHTET, TRANSFORMIERT** ODER **LOSGELASSEN?**
_____
_____
_____
_____
_____
_____

WAS HAST DU HEUTE **GUTES FÜR DICH** GETAN UND WAS HAST DU HEUTE **GUTES FÜR ANDERE** GETAN?
_____
_____
_____
_____
_____
_____

RAUM FÜR **NOTIZEN**

DAMIAN RICHTER

RAUM FÜR NOTIZEN

DAMIAN RICHTER

RAUM FÜR **NOTIZEN**

DAMIAN **RICHTER**

"HOUDINI – DIE ABKÜRZUNG IN DEIN TRAUMLEBEN"

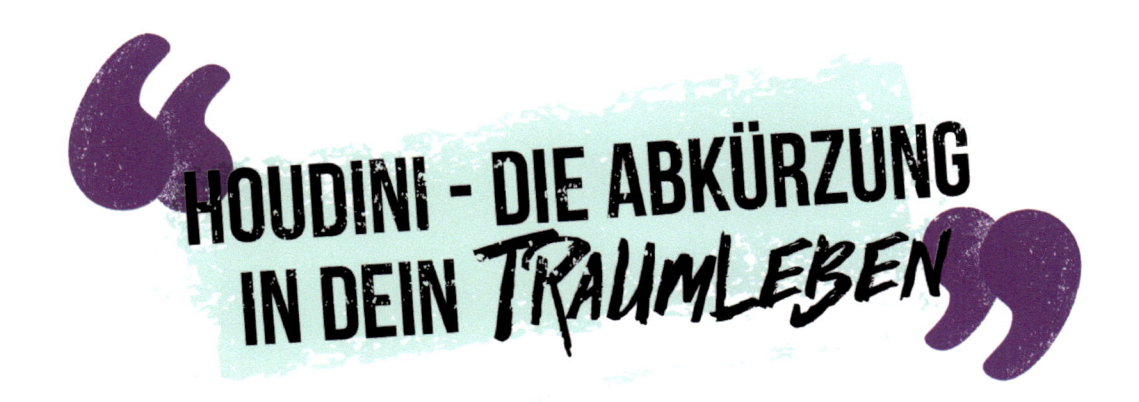

Der Zauberer Houdini war einer der größten Magier in der Geschichte der Menschheit. Er vollbrachte das, was bis dahin niemand einem normal Sterblichen zugetraut hätte oder jemals für möglich gehalten hätte. Houdini war ein wahrer Meister seines Faches!

Wie Du bereits auf der ein oder anderen Seite oder in dem ein oder anderen Video und Podcast gehört hast, besteht seit jeher der sogenannte Houdini-Style, der einfach alles in Deinem Leben verändern und auf den Kopf stellen wird, wenn Du ihn in Dein Leben einlädst, umsetzt und fortlaufend anwendest. Doch zunächst will ich Dir erklären, was der Houdini-Style überhaupt **bedeutet**. Lies daher die folgenden Zeilen mit aller Aufmerksamkeit und Ruhe, um die zugegeben leichte Komplexität des nächsten Satzes ganz zu durchblicken (mehrmals Lesen ist erlaubt!):

DER HOUDINI-STYLE PER DEFINITION BESCHREIBT:

„DIE MAGIE, IM KOPF DES KUNDEN EIN BILD ZU ERZEUGEN, DAS IN IHM DAS UNSTILLBARE VERLANGEN UND DIE SCHIER UNENDLICHE LUST ENTFESSELT, EIN PRODUKT ODER EINE DIENSTLEISTUNG UNBEDINGT HABEN ZU MÜSSEN UND ZUR ERLANGUNG DESSELBEN DIE KETTEN DER EIGENEN ZURÜCKHALTUNG ZU SPRENGEN."

Hast Du diesen Satz ganz gelesen? Prima. Dann lass ihn erst einmal etwas sacken, denn das Gelesene muss bei vielen meiner Workshop-Teilnehmer und Leser immer erst einmal verdaut werden…

… Fertig? Prima!

Jetzt habe ich eine Frage an Dich: Wie würde sich Dein Leben verändern, wenn Du den Houdini-Style in Deinem „Verkauf" und in Deinem Leben integrieren würdest!? Was wurde das auch in Bezug auf Dein privates Leben verändern? Und was wäre, wenn Du auf Deine Art und in Deiner Branche der „Houdini des Marketings" werden würdest und mit schier unendlicher Leichtigkeit immer wieder neue Kundschaft in Deine (Business-)Welt ziehen würdest?

Wäre die Folge dann nicht spielend leicht kreierte **finanzielle Freiheit** und die damit einhergehende Macht, zu jeder Zeit alles tun zu können, was Du schon immer einmal tun wollen würdest? Und würde darauf wiederum nicht auch eine **vollkommene Gesundheit** folgen, da Du Dir Auszeiten, Entspannungsmöglichkeiten und Verwöhn-Tage genehmigen könntest, die Deinen Erholungsprozess jeder Zeit fördern und fordern würden?

DAMIAN **RICHTER**

Und würde dann nicht der Houdini-Style der Mega-Turbo auf Deinem Weg hin zu Deinem persönlichen Punkt des Ankommens und das Erreichen Deines großen Marketing-Ziels sein?

Die Antwort liegt auf der Hand: JA, JA, JA und nochmals verdammt laut JA!!!

Die Abkürzung in Dein Traumleben heißt: HOUDINI! Und wenn Du bereit bist, diese Abkürzung jetzt zu gehen, anzunehmen und den Mut hast, sie auch umzusetzen (und auch wirklich nur dann), scan Dir jetzt den folgenden QR-Code ab und sieh Dir das Video an, dass ich für Dich als exklusiven Abschluss-Bonus produziert habe… es wird Dich überraschen, herausfordern und berühren, das kann ich Dir jetzt schon versprechen!

SCANNE DIESEN QR-CODE, UM ZUM LETZEN VIDEO ZU GELANGEN

https://damian-richter.com/marketing-erfolgs-manager/houdini

Für alle, die mehr über Houdini und die große Macht des **Houdini-Styles** erfahren wollen, habe ich ein extra **Podcast-Folge** meines Durchstartet-Podcasts aufgenommen. Du findest die Folge Nr. 196 auf YouTube, Spotify, Deezer und überall wo es Poscasts gibt!

Entdecke den **wahren Zauber des Marketings** und Deines Traumlebens und triff jetzt die Entscheidung, einen Schritt auf Dein magisches neues Leben zuzugehen! Ich freue mich riesig auf Dich und wünsche Dir bis wir uns im Video wiedersehen eine wunderbare Zeit!

**PODCASTFOLGE 196
DAS GROßE HOUDINI-SPECIAL
JETZT REINHÖREN!**

„DANKE!"

DANKE, DASS DU DEN MUT UND DIE UNERSCHÜTTERLICHKEIT AUFGEBRACHT HAST, DIESES AUßERGEWÖHNLICHE PROGRAMM BIS ZUM SCHLUSS DURCHZUZIEHEN!

Danke für Dein **Vertrauen!** Danke, dass Du über Dich hinaus gewachsen bist! Danke für all Deine Zeit und Dein Engagement, welches Du in Dich und den vier Wochen Marketing-Erfolgs-Manager investiert hast. Denn mit Deinen neu erlangten Eigenschaften und Fähigkeiten trägst auch Du dazu bei, mehr Liebe und Herzlichkeit in diese Welt zu tragen. Indem Du mehr an Wert in das Leben anderer Menschen trägst, kannst Du dem folgen, was Du von ganzem Herzen liebst. Somit bist Du **Impulsgeber für Glück** im Leben anderer Menschen und leistest einen sehr wichtigen Beitrag, um meine Vision dieser Welt Realität werden zu lassen.

Ich wünsche mir für Dich, das Du diesen Weg weiter gehst! Dass Du das Programm für Dich **wiederholst**, bis Dir alles rund um Marketing in Fleisch und Blut übergegangen ist.

Und ich würde mich riesig freuen, wenn Du Deine Erfahrungen mit dem vier Wochen Marketing-Erfolgs-Manager mit mir teilst und eine Video-Rezension für Instagram oder Facebook aufnimmst und mich darauf markierst. Denn damit gibst Du mehr Menschen die Möglichkeit, dieses Programm kennenzulernen und somit über sich selbst hinauszuwachsen!

Ich freue mich riesig Dich eines Tages auf einem meiner Live-Workshops kennenzulernen.
Vielleicht sogar schon auf dem nächsten LEVEL UP YOUR LIFE!

Alles Liebe, Dein Damian